Heidelberger auf der Flucht

Vorschläge für Stadtrundgänge über Verfolgungs-schicksale zwischen 1933 und 1945

Autor: Sebastian Klusak
Lektorat, Korrektorat: Maren Klingelhöfer
Satz & Umschlag: Erik Kinting
Coverfoto: Luftschutzraum unter dem Heidelberger Hauptbahnhof (Lossen-Fotografie Heidelberg, Nr. 280HR)
Weitere Mitwirkende: Claudia Pauli-Magnus

Verlag und Druck:
tredition GmbH
Halenreie 40-44
22359 Hamburg

978-3-347-18676-7 (Paperback)
978-3-347-18677-4 (Hardcover)
978-3-347-18678-1 (e-Book)

Bibliografische Information der Deutschen Nationalbibliothek:
Die Deutsche Nationalbibliothek verzeichnet diese Publikation in der Deutschen Nationalbibliografie; detaillierte bibliografische Daten sind im Internet über http://dnb.d-nb.de abrufbar.

Inhaltsverzeichnis

Dritter Teil

Vierter Teil

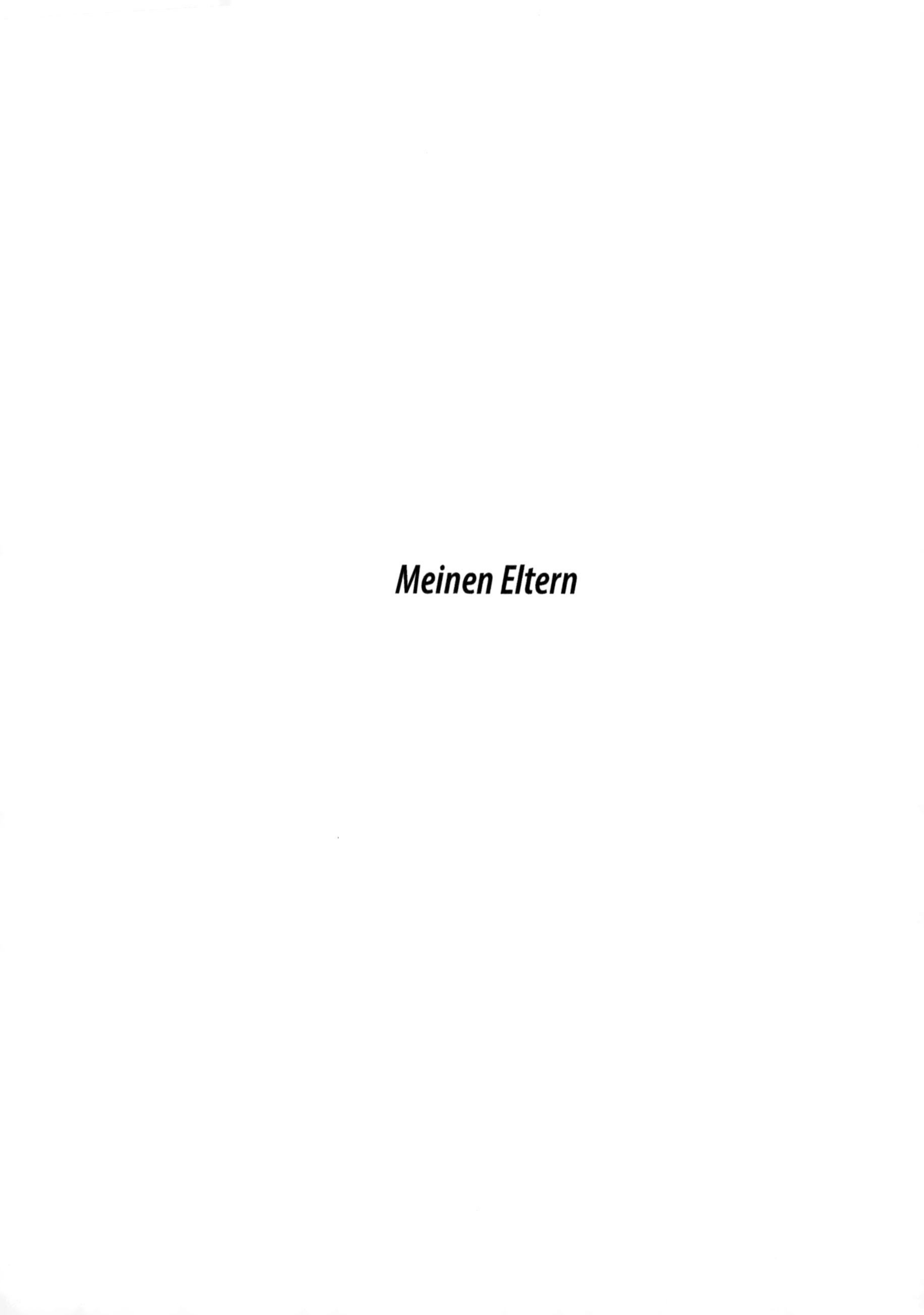

Meinen Eltern

Vorwort

Heidelberg zwischen 1939 und 1945: Jüdische Bürger werden deportiert, Kriegsgefangene in die Stadt gebracht. Intellektuelle, Künstler und politisch Andersdenkende fliehen ins Exil. Junge Heidelberger werden als Soldaten an die Front geschickt ... All diese Menschen sehnen sich nach Heimat. Sie wissen nicht, ob sie sie jemals wiedersehen. Und sie spüren, wie die Fremde sie verändert.

Die Evangelische Erwachsenenbildung Heidelberg hat die Schicksale einige dieser Menschen recherchiert und nach den Häusern gesucht, wo sie einst lebten. Aus diesen Schicksalen können sich LeiterInnen von Jugend- oder Erwachsenengruppen individuelle Rundgänge zusammenstellen, die sie mit Jugendlichen oder Erwachsenen durchführen. Aber auch Einzelpersonen können sich anhand dieser Informationen eigene Routen erarbeiten, die sie dann alleine oder mit anderen abgehen.

Der erste Teil dieses Buches besteht aus Einzelschicksalen, von denen die meisten – gemessen an der Reichweite der erschienenen Publikationen – einer größeren Öffentlichkeit noch unbekannt sein dürften und daher ausführlich dargestellt sind. Darunter ist auch eine Geschichte aus dem Ersten Weltkrieg und eine Geschichte aus der ehemaligen DDR. Danach schließen sich eine Reihe von Einzelschicksalen an, die wesentlich bekannter sind und daher nicht so ausführlich dargestellt werden. Der dritte und vierte Teil bestehen aus zwei Vorschlägen für vorgefertigte, in sich geschlossene Führungen: Die erste Führung zum Thema „Heidelberg im Nationalsozialismus" enthält wieder einige Informationen, die den meisten Heidelbergern nicht so geläufig sein dürften. Die zweite Führung zum Thema Hermann Maas, dessen 50. Todestag in diesem Jahr begangen wird, greift hingegen auf in der Regel altbekannte Tatsachen zurück. Maas selbst musste zwar nie fliehen, sondern wurde nur für kurze Zeit zur Zwangsarbeit im Elsass verpflichtet. Sein Schicksal wurde trotzdem in diese Veröffentlichung aufgenommen, weil er vielen Menschen, die fliehen mussten oder wollten, geholfen hat.

Dieses Buch ist kein wissenschaftliches Werk, sondern eine Materialsammlung für Pädagogen. Wir bitten trotzdem, uns möglicherweise vorhandene wissenschaftliche Fehler mitzuteilen. Die meisten der als Quellen aufgeführten Bücher sind in der kleinen stadtgeschichtlichen Bibliothek der Evangelischen Erwachsenenbildung einsehbar.

Stadtrundgänge sind ein wirksames didaktisches Instrument der Erinnerungskultur – insbesondere, wenn es um Einzelschicksale geht. Das konkrete, sinnliche Erleben des Gebäudes, in dem die jeweilige Person gelebt hat oder ihr etwas widerfahren ist, bewirkt, dass aus abstrakten Worten eigene Erfahrungen werden, von denen viele im Herzen bleiben. Das ist wichtig, weil die Tendenzen, die einst zu Nationalsozialismus und dem Zweitem Weltkrieg geführt haben – Populismus, Rassismus, Nationalismus und die Bereitschaft, Konflikte zwischen Staaten militärisch zu lösen –, heute wieder spürbar sind.

Mein besonderer Dank gilt dem Leitungskreis der Evangelischen Erwachsenenbildung Heidelberg, der mich ermutigt hat, dieses Buch zu schreiben. Danken möchte ich auch den Kollegen aus der Landesstelle für Evangelische Erwachsenenbildung in Baden, die uns dabei unterstützt haben, Stadtgeschichte zu einem Schwerpunkt zu machen. Dieses Buch ist im Buchhandel zum Selbstkostenpreis erhältlich.

Heidelberg, im September 2020
Sebastian Klusak (Leiter der Evangelischen Erwachsenenbildung Heidelberg)

PS: Sollten Sie RechteinhaberIn eines Bildes und mit der Verwendung auf dieser Seite nicht einverstanden sein, setzen Sie sich bitte mit uns in Verbindung.

Erster Teil:

Unbekannte Verfolgungsschicksale

Seminarstraße 3:
Alfred Stiendel und Günther Pollacks

In diesem Gebäude befindet sich heute das Romanische Seminar der Universität Heidelberg. Bis 1968 diente das Gebäude als Amtsgericht. Während des Krieges war es zudem Sitz des Militärgerichts des Kommandeurs der Panzertruppen XII.

Am 24.03.1945 hatte sich die deutsche Front auf dem linken Rheinufer aufgelöst. Die Truppenteile zogen sich zwischen Mainz und Speyer auf die andere Rheinseite zurück. Das bedeutete: Die Gegner Deutschlands marschierten jetzt in das Kerngebiet des Reichs. Die Nationalsozialisten reagierten darauf mit Durchhalteparolen und Drohungen, auch gegenüber den eigenen Soldaten. Sie glaubten, dass die Angst vor Bestrafung ihre Kampfkraft stärken und dies doch noch dazu führen würde, dass Deutschland den Krieg gewinne. Ein Befehl Adolf Hitlers vom 18.01.1945 bestimmte, dass Soldaten, die getrennt von ihrer Einheit angetroffen wurden, sofort erschossen werden konnten. Gegen Kriegsende gab es viele solcher Soldaten. Einige davon waren desertiert, andere hatten ihre Einheit verloren oder waren auf ihrem Posten „vergessen" worden, wieder andere waren auf dem Weg an die Front oder aus der gegnerischen Kriegsgefangenschaft geflohen. In einer Publikation, bei der es um Menschen geht, die aus oder nach Heidelberg geflohen sind, muss auch auf ihr Schicksal hingewiesen werden. Die von Hitler angeordnete Erschießung solcher Soldaten konnte durch die ordentlichen Militärgerichte, aber auch durch „fliegende Standgerichte" geschehen. Dies waren kleine Einheiten von Soldaten, die meist auf dem Motorrad unterwegs und von einem Offizier angeführt wurden. Sie konnten Menschen zum Tod verurteilen – ohne ordentliche Beweisführung,

Verteidigung oder ein Recht auf Berufung. Die Verurteilten wurden meist an Ort und Stelle erschossen und danach aufgehängt. Diese Gerichte konnten natürlich nicht überall sein, und deshalb wurden viele Verfahren auch vor ordentlichen Militärgerichten durchgeführt. Diese fällten jedoch oft mildere Urteile. Ein solches Militärgericht befand sich in dem Gebäude, das auf dem folgenden Bild[1] zu sehen ist – im selben Gebäude befand sich damals auch das Amtsgericht Heidelberg.

Das Militärgericht bekam am Abend des 24.03.1945 Besuch von Generalrichter Dr. Hans Boetticher. Das war der oberste Militärrichter der Heeresgruppe „G“, in deren Bereich Heidelberg damals lag. Das folgende Bild stammt aus dem Bundesarchiv.

1 Bild: Sebastian Klusak, EEB Heidelberg

Einer der Richter, die hier arbeiteten, berichtete später:

„Der Generalrichter eröffnete uns, dass er von der Heeresgruppe mit der Überwachung der Gerichte beauftragt ist. Er rügte die Milde unserer Rechtsprechung und erklärte, die Auflösung der deutschen Wehrmacht könne nur durch drastische Maßnahmen verhindert werden. Die Gerichte müssten rücksichtslos Todesstrafen gegen Fahnenflüchtige verhängen. Im Osten habe man Fahnenflüchtige an den Oderbrücken zur Warnung für die zurückflutenden Soldaten aufgehängt und habe damit gute Erfahrungen gemacht. Das müsse nun auch im Westen und auch hier in Heidelberg geschehen. Wir wiesen demgegenüber auf die Empfindungen der Zivilbevölkerung in der vom Krieg verschonten Stadt hin. Unser Einwand wurde aber zurückgewiesen. Der Generalrichter ließ sich unsere Akten vorlegen, beanstandete im Einzelnen unser Verfahren und nahm eine Anzahl von Akten mit. Wir hörten dabei, dass er ein fliegendes Standgericht mitgebracht habe, dem er die Fälle aushändigen wolle." [2]

Am Abend des 24.03., also von Samstag auf Sonntag, berief Boetticher eine Sitzung aller Militärrichter der Region in die Gaststätte Auerhahn in der Römerstraße 76 ein. Ein Bild dieser Gaststätte, so wie sie heute aussieht, befindet sich auf einer der folgenden Seiten. Dabei drohte er den Richtern erneut. Am Morgen des 25.03. verurteilte sein Standgericht mehrere Soldaten (wahrscheinlich nicht die, denen die Akten gewidmet waren, sondern andere zufällig aufgegriffene) zum Tod. Einer davon war der 25-jährige Obergefreite Alfred Stiendel aus Peggau bei Graz. Ihn hängte man am Eingang des Bergfriedhof in der Rohrbacher Straße auf. Ein anderer war der wahrscheinlich erheblich jüngere Soldat Günther Pollacks aus Plauen im Vogtland. Ihn hängte man an der Dossenheimer Landstraße am Ortsausgang von Handschuhsheim auf. Beide wurden vorher mit Schüssen an die Schläfe getötet. Wie der Verwalter des

2 Moraw, F. (1996, 02.04.). Diese Morde sind noch nicht bestraft. Rhein-Neckar-Zeitung, S. 5

Bergfriedhofes aussagte, wurde Stiendel nach zwei Tagen von Unbekannten in der Nacht „an Ort und Stelle auf dem Gehweg“ vor dem Bergfriedhof beerdigt; er selbst habe dann Mitte April die Leiche in einen Sarg gebettet und im „Massengrab Nr. 1“ auf dem Bergfriedhof beigesetzt. Günther Pollacks wurde zuerst auf dem Handschuhsheimer Friedhof beerdigt. Seit dem Jahre 1953 haben beide auf dem Ehrenfriedhof in Heidelberg ihre letzte Ruhestätte gefunden.[3] Auf den folgenden Seiten ist auch ein Bild des Ehrenfriedhofs[4] und der Grabplatte Pollacks[5] abgebildet. Trotzdem entzog ein Militärrichter, der an der Besprechung beteiligt war, schon am 27.03. den Fall eines aufgegriffenen Soldaten der Zuständigkeit des fliegenden Standgerichts, wies die Anklage auf Feigheit vor dem Feind zurück und setzte die Verhandlung bis Kriegsende aus. Dr. Boetticher gab nach dem Krieg an, er sei vom Stabschef des Befehlshabers der Heeresgruppe „G“, Generaloberst der Waffen-SS Paul Hausser und Sturmbannführer Stedtke (beide hatten ihr Quartier in Eberbach) mit folgenden Worten bedroht worden: „Es wird nicht eher anders, als bis nicht ein Jurist oder ein Gerichtsherr baumelt, und wenn Sie es sind.“ Boetticher arbeitete nach dem Krieg als Rechtsanwalt in München, wo er 1988 starb.[6]

---

3 Moraw, F. (1996, 02.04.). Diese Morde sind noch nicht bestraft. Rhein-Neckar-Zeitung, S. 5

4 Bild: Sebastian Klusak, EEB Heidelberg

5 Bild: Sebastian Klusak, EEB Heidelberg

6 Moraw, F. (1995, 24.03.). Warum der Terror bis zum letzten Tag funktionierte. Rhein-Neckar-Zeitung, S. 21

Ehem. Gaststätte Auerhahn

Grab G. Pollacks (auf dem Ehrenfriedhof)

Philosophenweg 16, Physikalisches Institut

Bodo Strehlow

Der folgende Text stammt aus dem Buch von Jürgen Aretz und Wolfgang Stock „Die vergessenen Opfer der DDR.“ [7] Wir danken den beiden Autoren herzlich für die Abdruckerlaubnis.

Über den Hafen Peenemünde auf der Insel Usedom, im östlichsten Zipfel des wiedervereinigten Deutschland, pfeift im Frühjahr 1993 der kalte Wind. Im heutigen Hafen der Bundesmarine dümpeln die ausgemusterten Schiffe der Nationalen Volksarmee der DDR. Graue Wolken jagen am Himmel, als Bodo Strehlow suchend an den Schnellbooten, U-Boot-Jägern und Minensuchern vorbeigeht. „Das da, das müßte es sein!“

Und dann steht er an Deck der „Graal-Müritz“ [8], berührt die eingerosteten Hebel im Führerstand – und denkt mit Schaudern an einen Sommermorgen vor mehr als 13 Jahren, an den 5. August 1979. Damals lag er blutüberströmt und von einer Handgranate schwerverletzt auf diesen Planken und hatte mit seinem jungen Leben bereits abgeschlossen.

„Laßt den da man liegen. Der liegt da gut. Der wird sowieso nicht mehr!“ Der Kapitän der „Graal-Müritz“, Jürgen Herrmann, sprach es aus wie ein Todesurteil, und so war es auch gemeint. Der Kapitän sollte später von der DDR-Führung den „Kampforden für Verdienste um Volk und Vaterland“ erhalten. Denn er hatte es in letzter Minute verhindert, dass sein Obermaat (Stabsunteroffizier) Strehlow, damals 22 Jahre alt, mit dem NVA-Schiff in einen bundesdeutschen Hafen flüchtete.

7 Aretz, J., Stock, W. (1997). Die vergessenen Opfer der DDR. Bergisch-Gladbach: Bastei-Verlag Gustav H. Lübbe, S. 78-83

8 Die „Graal-Müritz“ war ein Schiff der „Kondor“-Klasse der DDR-Volksmarine mit einer Länge von ca. 52 Metern und etwa 24 Mann Besatzung. Im Bild die ehemalige „Ückermünde“ derselben Klasse, die von 1992 bis 2006 als Patroullienboot „P 30“ im Dienst der Küstenwache Maltas stand, im Hafen von La Valetta. Bild: Eugenio Castillo Pert, gemeinfrei (Wikipedia, CC BY 3.0)

Strehlow hatte nachts die kleine Wachmannschaft auf seinem in der Kühlungsborner Bucht ankernden Schiff der „Kondor"-Klasse mit vorgehaltener Schusswaffe unter Deck getrieben und eingeschlossen. Dann wurden die Hebel im Führerstand auf „Volle Kraft voraus" gestellt und Kurs auf den Westen genommen, auf den Leuchtturm Dahmeshöved in der Lübecker Bucht. Strehlow wollte das gleiche erreichen wie jene 5000 Flüchtlinge vor und nach ihm, die über die Ostsee in die Freiheit schwimmen wollten. Strehlow, der als Soldat bisher selbst geholfen hatte, flüchtende Landsleute zu jagen, hatte mit dem DDR-Regime gebrochen. Doch ebenso wie 90 Prozent der Flüchtlinge scheiterte auch er. Nachdem er miterleben musste, wie vor der dänischen Küste zwei Flüchtlinge von seinem Boot aufgebracht und wie Vieh behandelt wurden, hatte Strehlow aus Protest sein Amt als FDJ-Sekretär des Schiffes niedergelegt. Als er auch dagegen protestierte, dass auf Befehl des Politoffiziers wieder die Werke Josef Stalins gelesen werden mussten, wurde das Verfahren zum Ausschluss aus der SED eingeleitet. Damit war auch seine letzte Hoffnung auf ein Physikstudium zerstört.

Für Strehlow war mit diesen Erlebnissen die heile Welt eines bis dahin sorglos in der DDR aufgewachsenen jungen Mannes zerstört worden. Sein Vater

Küstenwachschiff P 30
Bild: Eugenio Castillo Pert (Wikipedia, CC BY 3.0)

war SED-Mitglied und Schiffsbauingenieur gewesen, Teil der Nomenklatura also, der Familie fehlte nichts. Selbst ein Auto hatten sie schon, als er ein Kind war. Über Politik sprach man zu Hause nicht. Das Leben im real existierenden Sozialismus war unter diesen Umständen für Bodo, der gut schwamm und in der Bezirksliga Handball spielte, ein Traum, der erst in der Realität des Sozialismus, wie er ihn bei der Volksmarine erlebte, zerplatzte.

Die acht Seemeien bis zur Grenze waren schnell bewältigt. Als sich Bodo Strehlow mit dem Schiff bereits in westdeutschen Gewässern befand, riß ihn eine Explosion aus seiner Freude über die geglückte Flucht: Der Kapitän hatte mit einer Handgranate den Aufgang an Deck freigesprengt und stürzte mit seinen Soldaten an Deck. Strehlow wurde unter Feuer genommen, eine zweite Handgranate explodierte nur zwei Meter von ihm entfernt: Sie zerstörte sein linkes Auge, seine beiden Trommelfelle, zertrümmerte Arme und Beine. Blutüberströmt und übersät mit Granatsplittern brach Strehlow zusammen. Die Wirkung einer Handgranatenxplosion aus dieser geringen Entfernung gilt als garantiert tödlich – doch als die „Graal-Müritz" im DDR-Hafen ankam, wurde festgestellt, dass er noch lebte.

Obwohl schwerverletzt und fast taub, marterten ihn die Stasi-Vernehmer wochenlang, machten ihn mit Spritzen vor jeder Vernehmung gefügig. Eltern und Freunde wurden verhört, ein Schulfreund wurde verurteilt, weil er angeblich oppsitionelle Äußerungen Strehlows nicht sofort der Stasi gemeldet hatte. Selbst in Westdeutschland wurden die Verwandten beschattet, weil die Stasi eine Verschwörung und Spionage konstruieren wollte. So begann für den jungen Unteroffizier ein Leidensweg, der in Worte kaum zu fassen ist. Erst 3791 Tage später, sechs Wochen nach dem Fall der Berliner Mauer, konnte Strehlow seine Kerkerzelle Nr. 35 im vierten Stock des berüchtigten Zuchthauses Bautzen II[9] schließlich kurz vor Weihnachten 1989 als einer der letzten politischen Häftlinge der DDR verlassen.

---

9 „Bautzen II" war von 1956-89 eine Sonderhaftanstalt der DDR mit 200 Plätzen für Spione, Westdeutsche, gefasste Flüchtlinge, straffällig gewordene SED-Funktionäre und andere politische Gefangene. Das Ministerium für Staatssicherheit entschied, wer dorthin verlegt wurde und überwachte Personal und Insassen. Es kam dort immer wieder zu Misshandlungen. Das auf der folgenden Seite gezeigte Bild von Stephen C. Dickson (Wikipedia, CC BY-SA 4.0) zeigt das zentrale Treppenhaus der Haftanstalt.

Nach der Logik der DDR durfte Strehlow doppelt froh sein, dass er noch am Leben war: „Nur wegen seiner Jugendlichkeit“ hatte das Militärobergericht in Neubrandenburg in einem Geheimprozess 1980 von der Verhängung der Todesstrafe abgesehen. Nicht wegen seines Fluchtversuches, sondern wegen angeblicher „Spionage, Terrors, elffachen Mordversuches und Fahnenflucht im schweren Fall“ wurde er zu lebenslangem Freiheitsentzug verurteilt. Den „elffachen Mordversuch“ sah das Gericht als erwiesen an, weil er seine elf Kameraden der Nachtwache mit der Dienstwaffe bedroht hatte – obwohl er keine einzigen Schuss abgegeben hatte.

Der Strehlow von der Stasi zugeteilte Verteidiger hatte mit seinem Mandanten nur einmal kurz gesprochen, dann ebenso wie der Militärstaatsanwalt auf „Lebenslang“ plädiert – die Eltern Strehlows mussten dafür eine Rechnung über mehr als 2000 Mark, das zweieinhalbfache eines durchschnittlichen Monatsgehaltes, zahlen. Mehr als zehn Jahre verbrachte Strehlow im Zuchthaus Bautzen II, fast die ganze Zeit hat er in absoluter Isolationshaft auf weniger als sechs Quadratmetern in der „verbotenen Zone“ verbringen müssen, die nur von Offizieren betreten werden durfte. In den fast 500 Wochen hinter Gittern durte er nur 17 andere Gefangene sehen, sah keinen Sonnenstrahl. Strehlow ist davon überzheugt, dass die Stasi sogar versucht hat, zwei Haftkameraden und ihn zu vergiften: „Uns wurde vergifteter Grapefruitsaft gegeben. Mithäftlinge starben, ich schwebte zwei Wochen in Lebensgefahr“. Zwischen 1980 und 1988 starben die Häftlinge Arno Schumann, Arno Heine und Horst Garau in Bautzen II. Strehlow hält es für möglich, dass sie von der Stasi ermordet wurden.

So unvorstellbar die Isolationshaft in Bautzen war – Strehlow konnte sich Gehör im Westen verschaffen. Ein winziges Kassiber, verfasst auf Zigarettenpapier, konnte von einem Mithäftling bei seinem Freikauf in den Westen geschmuggelt werden. Es war an Franz Josef Strauß, die letzte Hoffnung vieler politischer Häftlinge in der DDR, gerichtet.

Strehlow beschwor den bayerischen Ministerpräsidenten: „Ich versichere Ihnen, dass ich kein Terrorist bin und niemals versucht hätte, gewaltsam zu flüchten, wenn ich nicht im Lauf meiner Dienstzeit bei der Marine Augenzeuge geworden wäre, wie Flüchtlinge auf hoher See unter Drohung mit Schußwaffen an der Flucht gehindert und verhaftet wurden.“ Doch auch Strauß, der mit seinen – nicht unumstrittenen – Kontakten zur DDR-Führung manches Schicksal von politischen Häftlingen zum besseren wenden konnte, vermochte es nicht, Strehlow aus dem Zuchthaus Bautzen II freizukaufen. Jede Anfrage durch die Bundesregierung hatte der SED-Generalsekretär Erich Honecker brüsk abschlagen lassen – es war die unmenschliche Rache des Regimes, das dem Westen offenbar um jeden Preis verheimlichen wollte, dass es einem 22jährigen fast geglückt wäre, ein NVA-Schiff mit mehr als 20 Mann Besatzung allein in die Freiheit zu steuern. Erst Wochen nach der Absetzung Honeckers konnte Strehlow freigekauft werden. Doch endlich frei und im Westen, fängt für den Schwerbeschädigten die Auseinandersetzung mit den westdeutschen Behörden an: Das Heidelberger Landratsamt verweigert ihm anfangs die Anerkennung als politischer Häftling und damit auf eine Eingliederungshilfe, auf Anrechnung der Haftzeit für die Rente und auf Versorgungsleistungen wegen seines erblindeten Auges. Begründung der Bürokraten: Strehlow habe seine „Republikflucht" mit Waffengewalt versucht. Zwar sei er aus politischen Gründen inhaftiert worden, doch sei er daran selber schuld, weil er „den Maßstab der anzuwenden Mittel zur Erreichung des beabsichtigten Zieles eindeutig überschritten" habe. Friedrich Karl Fromme hatte vorher in der FAZ geschrieben: „Auch diejenigen, die sich für eine Freilassung Strehlows bemüht haben, verkennen nicht, dass seine Tat strafwürdig war. Allerdings kann unter rechtsstaatlichen Begriffen, unter Berücksichtigung der Notwehrsituation (Versuch, die vorenthaltene Freizügigkeit zu verwirklichen, wenn auch mit unzulänglichen Mitteln) die lebenslange Freiheitsstrafe nicht als angemessen angesehen werden. Bei Strehlow ergibt sich die Zuordnung zum Begriff des politischen Gefangenen aus der Eigenart des Gerichtsverfahrens, aus dem Übermaß der Bestrafung und aus der Besonderheit des Strafvollzugs."

Schließlich erkennt auch das Landratsamt die besonderen Umstände des Falles Strehlows an und bewilligt ihm die Anerkennung als politischer Häftling und damit auch eine karge Haftentschädigung: Etwa 30.000 D-Mark für zehn schreckliche Jahre DDR-Zuchthaus. In Heidelberg konnte sich Bodo Strehlow seinen Traum vom Physikstudium erfüllen. Er hat geheiratet und ist heute Inhaber eines Computergeschäftes in der Neckarstadt.

Marktplatz, Rathaus: *Rolf Magener*

Im rückwärtigen Teil des Erdgeschosses des Rathauses befindet sich die Statue „Der Heimkehrer“. Sie wurde von Georg Kretz, einem Heidelberger Bildhauer und Musiker, der 1948 aus russischer Kriegsgefangenschaft nach Heidelberg heimgekehrt war, erschaffen.[10] Das Kunstwerk stammt aus dem Jahr 1952.[11] Es erinnert an die über 11 Millionen deutschen Kriegsgefangenen, die nach dem Ende des Zweiten Weltkriegs in mehreren Ländern der Welt in Lagern interniert waren. An diese Menschen erinnert auch die oft übersehene, nachfolgend ebenfalls abgebildete[12] Gedenktafel an der Ostwand der Providenzkirche in der Hauptstraße. Von diesen Gefangenen starben über 1,2 Millionen während der Gefangenschaft.[13] Ihre Behandlung war sehr unterschiedlich. In vielen Lagern in

10 Bild: Sebastian Klusak, EEB Heidelberg

11 Salomon, I. (1997, 03.11.). Heimkehrer kam zurück. Rhein-Neckar-Zeitung, S. o. A.

12 Bild: Sebastian Klusak, EEB Heidelberg

13 Kriegsgefangene des Zweiten Weltkrieges/Verluste unter den deutschen Kriegsgefangenen (2020). In Wikipedia, die freie Enzyklopädie. Abgerufen am 15.07.2020 von https://de.wikipedia.org/wiki/Kriegsgefangene_des_Zweiten_Weltkrieges#Verluste_unter_den_deutschen_Kriegsgefangenen

Russland dominierten Hunger, schwerste körperliche Arbeit, mangelnde medizinische Versorgung und Gewalt, während es in den Lagern in England und USA eine bessere Versorgung mit Nahrungsmitteln herrschte und Ärzte, weniger Gewalt sowie leichtere Arbeit gab. Viele Gefangene versuchten, aus den Lagern zu fliehen. Einer von ihnen war Rolf Magener. Seine Geschichte ist kaum bekannt.

Rolf Magener wurde 1910 in Odessa geboren. In dieser damals russischen Stadt gab es eine große deutsche Bevölkerungsgruppe. Sein Vater Adolf Magener war ein deutscher Kaufmann, dem u. a. das berühmte Hotel Metropol gehörte. Seine Mutter war eine Russin. Um die Gesundheit der Mutter zu schonen, lebte die Familie oft an der Cote d'Azur.[14] Rolf Magener besuchte die Hermann-Lietz-Schule Spiekeroog. Zu seinen Klassenkameraden gehörten dort der spätere Raketeningenieur Wernher von Braun und der deutsche Diplomat Harald Graf von Posadowsky-Wehner.[15] Danach studierte er Betriebswirtschaftslehre, u. a. auch in Exeter, weshalb er fließend Englisch sprach. Im Jahr 1937 wurde er an der Universität Frankfurt promoviert. Das folgende Foto zeigt ihn in jungen Jahren, das Entstehungsdatum ist leider nicht bekannt.[16]

Rolf Magener

Schon zwei Jahre zuvor war er in die Dienste der Interessengemeinschaft Farbenindustrie AG, abgekürzt IG Farben, eingetreten, dem damals größten Chemie- und Pharmakonzern der Welt. Dieser entsandte ihn erst nach China und dann nach Indien. Nach Ausbruch des Zweiten Weltkriegs galten in Indien, das damals eine englische Kolonie war, alle Bürger Deutschlands und seiner Verbündeten (Italien, Japan, Bulgarien, Ungarn, Rumänien) als „Enemy Aliens“. Dieser Begriff lässt sich mit „Ausländer aus Feindländern“ übersetzen. Er

14 Hofmann, U. (2000, 05.08.). Vom Gefangenen Nummer 1775 zum Finanzchef. Frankfurter Allgemeine Zeitung, S. o. A.

15 Telefonische Mitteilung von Sylvius Graf von Posadowsky-Wehner an den Verfasser, Mai 2020

16 Rolf Magener in jungen Jahren. Bild: Sylvius Graf von Posadowsky-Wehner

bezeichnet nach angloamerikanischem Recht den Angehörigen eines Staates, mit dem sich das Land, in dem er sich aufhält, in einem Konflikt befindet. Diese „Enemy Aliens" wurden von den Engländern gefangengenommen. So geschah es auch mit Rolf Magener: Er wurde am 3. September 1939[17] verhaftet und in das Lager Dehra Dun in Nordindien gebracht.

Das „Central Internment Camp Dehra Dun" lag auf einer Höhe von 600 bis 700 m am Fuß des Himalayas und nahe der Grenze zu Nepal. Es beherbergte etwa 3000 Gefangene. Je 50 davon lebten in einer strohgedeckten Ziegelbaracke von 30 m Länge, 12 m Breite und 15m Höhe. Im Sommer stiegen die Temperaturen bis 43, im Winter nie über 5 Grad. Im Frühjahr brachte der Monsun manchmal so starke Niederschläge, dass es durch die Strohdächer regnete. Die Gefangenen brannten auf dem Lagergelände Schnaps, züchteten Geflügel und bauten Gemüse an.[18] Sie nannten das Lager „The City of Despair" – die Stadt der Verzweiflung. Rolf Magener berichtet, dass in den wenigen Bäumen Aasvögel saßen und die Gefangenen unter Langeweile und dem Eingesperrtsein litten. Ein Insasse des Lagers hat 1943 eine Zeichnung[19] mit Bilderklärungen in lateinischer Sprache angefertigt, die nachfolgend zu sehen ist. Auf ihr sind auf der linken Seite die Gemüsebeete, im Vordergrund zwei Sportplätze, auf der Rückseite die Lagertore und davor das Büro des Lagerkommandanten (kleines Haus auf der rechten Seite des Mittelgangs)[20] zu sehen. Außerdem sind von diesem Lager mehrere Fotos erhalten. Eine Gruppenaufnahme der Lagerinsassen aus dem Jahr 1941 zeigt u. a. auch Rolf Magener, auch wenn dieser kaum zu erkennen ist.[21] Im Lager bekam Magener die Häftlingsnummer 1775.
Im Lager Dhera Dun befand sich eine ungewöhnlich große Zahl von Abenteurern. Darunter war Heinrich Harrer, ein Bergsteiger, der 1938 zusammen mit

17 Magener, R. (1963). Die Chance war Null. Frankfurt/Berlin: Ullstein, S. 6

18 Schäfer, H. (Datum o. A.). Das Internierungslager Dhera Dun im II. Weltkrieg. Abgerufen am 15.07.2020 von http://www.gaebler.info/2016/08/schaefer/#anlage

19 Messerschmidt, E. (1943). Karte von Dhera Dun. Bildkopie von Walter Buelle (2013). Abgerufen am 15.07.2020 von www.gaebler.info

20 Speck-Rosenbaum (2013). Lager-Karte vom Internierungslager Dehra Dun. Abgerufen am 15.07.2020 von www.gaebler.info/2013/09/speck

21 Bild: Autor o. A. In: Buelle, W. (2013). Gerhard Buelle in the internment camps Ahmednagar and Dehra Dun. Abgerufen am 15.07.2020 von https://www.gaebler.info/2013/03/buelle

drei anderen Alpinisten als Erstes die Eiger-Nordwand bestiegen hatte, und Peter Aufschnaiter, der 1929 und 1931 an einer Expedition zum dritthöchsten Berg der Erde, dem Kangchendzönga in Sikkim, teilgenommen hatte. Die beiden hatten 1939 zusammen mit anderen deutschen Bergsteigern eine Aufstiegsroute auf den 8175 m hohen Nanga Parbat im Westhimalaya erforscht, und waren wie Magener auf dem Rückweg von dieser Expedition von den Engländern festgenommen worden. Auch Heins von Have, ein gebürtiger Hamburger, der als Kaufmann in der damaligen Kolonie Niederländisch-Indien (heute Indonesien) tätig gewesen, von den Niederländern festgenommen und an die Engländer übergeben worden war, war ein Draufgänger. Er sprach sehr gut Englisch und hatte bereits zwei Mal vergeblich versucht, aus der Gefangenschaft auszubrechen. Ein Abenteurer war auch Hans Kopp, der in der ehemaligen deutschen Kolonie Deutsch-Südwestafrika geboren worden, als junger Mann mehrere Jahre mit einem Motorrad durch Europa unterwegs gewesen und bei Kriegsbeginn auf einer Baustelle bei Bagdad tätig gewesen war, wo er von den Engländern in Gewahrsam genommen wurde.[22] Nachdem Magener fünf Jahre lang die meist erfolglosen und manchmal tödlich endenden Fluchtversuche aus dem Lager miterlebt hatte, entschloss er sich selbst zur Flucht. Er plante diese zusammen mit Heins von Have, den er als Ersten ansprach, Peter Aufschnaiter, Heinrich Harrer, Hans Kopp, Bruno Treipl (ein Salzburger, der nach Niederländisch-Indien gekommen war, um im Hotel seiner Tante zu arbeiten, und dort von den Niederländern gefangen worden war) und Friedel Sattler (einem Rheinländer, über den nicht viel bekannt ist). In seinem Buch „Die Chance war Null" beschrieb Magener, wie schwierig ein Ausbruch aus Dhera Dun war, selbst wenn er gelang:

„Eine Internierung in Indien bedeutet für den, der sich mit Fluchtgedanken trägt, doppelte Gefangenschaft: einmal innerhalb des Stacheldrahts und dann nochmals im Lande als solchem, dessen natürliche Grenzhindernisse seinen Befreiungsplänen wie ein zweites großes Bollwerk entgegenstehen. Indien erscheint dann als großes, undurchdringliches Dreieck, dessen Basis der Himalaya bildet, während

22 Lüdtke, N. (1995). Flucht. Reisen in Zeiten von Not und Gefahr. Abgerufen am 15.07.2020 von https://fernreisemobiltreffen.de/willys-treffen/dokuwiki/doku.php?id=wiki:flucht

die Schenkel vom Ozean begrenzt werden. Im Nordwesten verriegeln Wüsten, im Nordosten Dschungel die Ausgänge. Der Weg nach Afghanistan ist durch die Sperrforts des Khybergpasses verlegt, das dortige Grenzgebiet für Weiße wegen der ewig aufrührerischen Afridistämme nicht begehbar." [23]

Magener und seine fünf Gefährten setzten ganz auf Bluff. Dabei halfen ihnen mehrere Mitgefangene, die selbst nicht ausbrechen wollten. Ein deutscher Arzt im Lager besorgte Arzneien und ein Handwerker stellte einen langen Dolch aus einer alten Autofeder her. Ein Jesuitenpater, der bei den Tibetern missioniert hatte, klärte sie über die Kultur der Tibeter auf und zeichnete Karten.[24] Rolf Magener und Heins von Have gelang es, sich Geld, Soldbücher, Uniformen und britische Offiziersstöckchen zu beschaffen. So konnten sie sich als englische Offiziere verkleiden. Die anderen vier verkleideten sich als indische Arbeiter. Harrer und Kopp schnitten Stacheldraht aus dem Zaun, der das Lager umgab, und wickelten diesen auf eine Rolle. Außerdem stellten sie sich eine Bambusleiter her. Der Plan bestand darin, bei den Wachen den Eindruck zu erwecken, zwei englische Offiziere hätten mit einer kleinen Gruppe indischer Arbeiter den Stacheldrahtzaun des Lagers repariert und würden dieses nach Beendigung der Arbeiten wieder verlassen. Am 29. April 1944 um 2 Uhr nachmittags, als es sehr heiß war und im Lager die Mittagsruhe galt, war es so weit. Bruno Treipl beschrieb den Ausbruch sechs Jahre später so:[25]

„Die Posten auf den Wachtürmen mögen sich zwar gewundert haben, woher dieser Trupp plötzlich gekommen sein mochte, allein, da eine Leiter und Stacheldraht-Rollen in den Händen der ‚Inder' über den Zweck des Aufenthalts der Truppe hinreichend Aufklärung zu geben schienen, schwiegen die Maschinengewehre. Unsere beiden Hamburger (gemeint sind Have und Magener, der Verf.), die das Englische wie ihre Muttersprache beherrschten, schwangen kokett ihre Offiziersstöckchen, gingen uns voran auf den ersten Torposten zu und verlangten dort

23 Magener, R. (1963). Die Chance war Null. Frankfurt/Berlin: Ullstein, S. 7

24 Lüdtke, N. (1995). Flucht. Reisen in Zeiten von Not und Gefahr. Abgerufen am 15.07.2020 von https://fernreisemobiltreffen.de/willys-treffen/dokuwiki/doku.php?id=wiki:flucht

25 Autor o. A. (1950, 09.09. und 16.09.). Ein Salzburger im geheimnisvollen Tibet. Salzburger Volksblatt, S. o. A. Abgerufen am 15.07.2020 von http://www.gaebler.info/india/flucht.htm

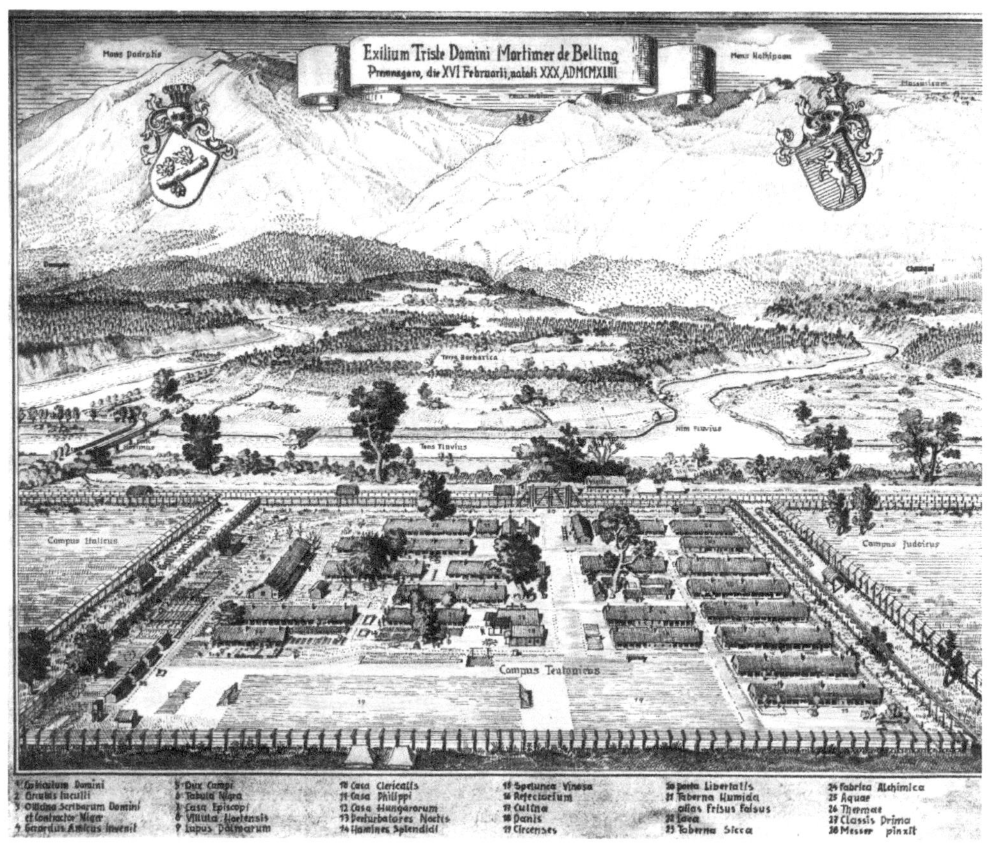

Messerschmidt, E. (1943), Karte von Dhera Dun
Bildkopie von Walter Buelle (2013)

Gruppenbild der Gefangenen in Dhera Dun
mit Rolf Magener (ganz links)

barsch die Öffnung des Tores. Dem Befehl wurde ohne weiteres Folge geleistet und klopfenden Herzens passierten wir mit unseren durch übermangansaures Kali echt indisch gebräunten Gesichtern, unter mächtigen Turbanen möglichst gleichgültig in die Welt schauend, das erste Hindernis. Dann ging's durch die Lager-Hauptstraße dem Haupttor entgegen. Unsere Hamburger wurden allenthalben mit dem nötigen Respekt gegrüßt, trotzdem begann Aufschnaiter, der als Vordermann mit mir die Leiter trug, so auffällig unorientalisch zu hasten, dass ich ihn mit einem: ;Asti, asti, pab!', was so viel wie ,Langsam, langsam, Väterchen!' heißt, zur Mäßigung seines Schrittes mahnen musste. Ein englischer Offizier, der Kommandant eines Nebenblocks, radelte auf uns zu, wir hielten unser Inderdasein bereits für beendet, aber die beiden Hamburger grüßten und nahmen wie selbstverständlich den Dank des Engländers entgegen, den das Radl rasch an uns vorübertrug. Das Haupttor brachten wir ebenfalls glücklich hinter uns und auch die dritte, letzte und uns am gefährlichsten erscheinende Klippe, den ausschließlich von indischer Polizei bewachten Schlagbaum am Lagereingang, überwanden wir. Kaum waren wir außer Sicht, fingen wir zu laufen an. Aber es dauerte nicht lange, da merkten wir, dass hinter uns her ein Inder gerannt kam, der wild gestikulierte und unverständliche Rufe ausstieß. Wir verdoppelten unser Tempo, denn wir dachten nichts anderes, als dass wir bereits verfolgt würden. Der Mann hinter uns aber lief noch um etliches schneller und kam uns endlich so nahe, dass wir beschlossen, stehen zu bleiben und ihn zu erwarten. Erst als der keuchende, mit einem Hängebart versehene Inder schon fast vor uns stand, erkannten wir ihn. Es war Sattler, der mit seinem vom Lagerfriseur Reich kunstvoll zum Inderantlitz umgebildeten Schädel und mit einem Teertopf und einem Pinsel in der Hand als zu uns gehöriger Nachzügler glatt alle drei Tore durchschritten hatte."

Kurz nachdem sie das Lager hinter sich gelassen hatten, stießen sie auf indische Bauern. Alle sechs Flüchtlinge liefen erschrocken auseinander. Magener, Harrer und Have liefen nach links, die anderen nach rechts. Von da an flohen sie getrennt. Die Zeitschrift „Der Spiegel" berichtete 1955, Magener und Have hätten sich eine Höhle in den Vorbergen des Himalayas gesucht. „Dort hielten sie sich mehrere Tage im Angesicht des ‚Throns der Götter' versteckt, bis sie annehmen durften, dass die Such-Aktion des Lagerkommandanten eingestellt war."[26] Danach kehrten sie, so „Der Spiegel", in die Ebene zurück. Das Gelingen ihrer weiteren Flucht machten sie, anders als Harrer und Aufschnaiter, nicht von ihrer körperlichen Stärke abhängig, sondern von ihrer Fähigkeit, als Engländer aufzutreten. Aufgrund ihrer jahrelangen Tätigkeit im englischen Kolonialreich sprachen beide perfekt Englisch. Um kein Aufsehen zu erregen, unterhielten sie sich auch untereinander nur auf Englisch. Aus englischen Zeitungen hatten sie sich Details über ihr angebliches früheres Leben zurechtgelegt. Außerdem lernten sie Details über die englische Armee auswendig. Auf ihren khakifarbenen Uniformen hatten sie keine Rangabzeichen; sie benutzen ihre gestohlenen Soldbücher auch nur gegenüber Zivilisten, nie aber bei Kontrollen durch das englisch Militär, da sie im Fall einer Verhaftung für das Benutzen von militärischen Symbolen und Papieren eine zusätzliche Strafe bekommen hätten.[27] Ihr Ziel war es, die Grenze nach Burma zu überqueren und sich dort in die Hände des japanischen Militärs zu begeben, das damals an der Seite Deutschlands kämpfte.

Ihre Fähigkeit, als Inder aufzutreten, testeten Magener und Have laut „Der Spiegel" erneut, als sie in der Nähe des Lagers einen Bus anhielten, der sie zur nächsten Bahnstation in Saharanpur bringen sollte. Keiner der anderen Fahrgäste schöpfte Verdacht, aber es befand sich auch kein Engländer darunter. Dies wurde in Saharanpur anders. Hier setzen sich ausgerechnet zwei Militärpolizisten neben die beiden Ausbrecher. Doch diese hatten Glück: Sie gingen wieder, ohne sie anzusprechen. Aber als Magener und Have ein sicheres, nur von Indern besetztes Zugabteil gefunden zu haben glaubten, entdeckten sie einen britischen Oberleutnant und einen Piloten auf den Eckplätzen. Vierzig Stunden, die ganze 1.450 Kilometer lange Strecke bis Kalkutta, teilten sie mit den beiden das Abteil, ohne angesprochen zu werden.[28] Rolf Magener beschreibt in seinem Buch „Die Chance war Null" mehrfach, wie er und Have den Kontrollen der Wachposten entkamen, weil diese genau dann abgelenkt waren, als die beiden

26 Autor o. A. (1955, 29.06.). Der große Bluff. Der Spiegel, S. 35–36

27 Autor o. A. (Jahr o. A.). Die Flucht. Solidarität und Erfolg. Abgerufen am 15.07.2020 von www.gaebler.info/india/flucht.htm

28 Autor o. A. (1955, 29.06.). Der große Bluff. Der Spiegel, S. 35–36

den Posten passierten. Die Engländer konnten sich in einem so dicht besiedelten und hoch entwickelten Land wie Indien nur deshalb halten, weil sie ständig Personenkontrollen durchführten. Hinzu kamen die schon damals starken Spannungen zwischen der hinduistischen und der muslimischen Bevölkerungsgruppe. Trotzdem passierten Magener und Have die Kontrollen am Bahnsteig in Kalkutta und konnten sich für mehrere Tage in einem Hospiz des CVJM einquartieren. Das war die einzige Unterkunft, die keine Ausweise verlangte. In der Millionenmetropole Kalkutta lernten die beiden, ihre Rolle perfekt zu spielen. Sie besuchten sogar regelmäßig das „Firpo´s“, eines der besten und vor allem von Engländern frequentierte Restaurants der Stadt. Das nachstehende Bild[29] zeigt das „Firpo´s“ wenige Monate nach dem Aufenthalt der beiden.

29 Bild: Clyde Waddell, gemeinfrei (Wikipedia)

Von Kalkutta fuhren die beiden per Bahn in die Hafenstadt Goalanda an der Padma im heutigen Bangladesch und von dort per Schiff die Padma hinunter bis in die heute ebenfalls zu Bangladesch gehörenden Hafenstadt Chandpur, ohne kontrolliert zu werden. In Chandpur war die Anlegestelle von Militärpolizisten abgeriegelt. Während die Zivilisten von Bord gehen durften, mussten die Militärangehörigen auf dem Schiff bleiben, um kontrolliert zu werden. Kaltblütig verließen die beiden dennoch das Schiff. Sie durchquerten die Anlegestelle, obwohl von allen Seiten Rufe ertönten, dass sie dazubleiben hätten. Als sie versuchten, an einem Militärpolizisten vorbeizugehen, der neben einer Sperre stand, sagte dieser: „Haben Sie nicht gehört, dass Sie das Schiff nicht verlassen dürfen? Bitte zurück!“ Have fragte, ob Zivilisten auch warten müssten, und zeigte dem Polizisten ihre Fahrkarten, die auf Zivilisten ausgestellt waren. Der Militärpolizist ließ sie daraufhin vorbei. Rolf Magener schreibt über diese Episode:

„Das war wieder so ein Streich nach Haves Geschmack. Er konnte dem Reiz der Lage nicht widerstehen … Furchtlos, und ohne Nerven, mit einem unfehlbaren Instinkt für das gerade noch Mögliche, stand er immer über der Situation. Niemals habe ich ihn aufgeregt gesehen … Hinterher sahen seine Abenteuer immer so aus, als habe er sie vorher genau durchkalkuliert.“ [30]

Auf dem Weg in das heute ebenfalls zu Bangladesch gehörende Chittagong, das rund 250 Kilometer von der Grenze des britisch besetzten Indiens mit Burma lag, benutzen Have und Magener noch einmal die Eisenbahn. In der Nähe dieser Stadt befand sich eine Siedlung, wo sie sich dem Dorfältesten als englische Beamten vorstellten und ihn baten, ihnen ein Boot mit Ruderer zur Verfügung zu stellen. Dieses Boot brachte sie während einer drei Tage dauernden Fahrt entlang der Küste weiter südlich zum Ort Cox´s Bazar. In der Mitte dieses Bootes schützten sie Matten aus Palmblättern vor der sengenden Sonne und den Blicken Neugieriger. Trotzdem war es darunter unerträglich heiß. Tagsüber fuhren sie entlang der Küste, nachts schliefen sie an Land.[31]

30 Magener, R. (1963). Die Chance war Null. Frankfurt/Berlin: Ullstein, S. 59

31 Lüdtke, N. (1995). Flucht. Reisen in Zeiten von Not und Gefahr. Abgerufen am 15.07.2020 von https://fernreisemobiltreffen.de/willys-treffen/dokuwiki/doku.php?id=wiki:flucht

Von Cox´s Bazar aus mussten Magener und Have zu Fuß weiter in Richtung der Grenze. Damals versuchten alliierte Truppen gerade, die Japaner aus Nordburma zurückzudrängen. Deshalb war auf den Straßen in Richtung Grenze viel Militär unterwegs. Trotzdem mussten Magener und Have genau diese Straßen benutzen, da der Dschungel zu gefährlich gewesen wäre. Deshalb marschierten sie nachts und schliefen tagsüber. Einmal versuchten sie, einen englischen Wachposten zu umgehen, indem sie eine Anhöhe bestiegen. Dabei lösten sich Felsbrocken von der Anhöhe, die den Posten auf sie aufmerksam machte. Als er sie erblickte, schwangen die beiden freundlich ihre Helme, und der Posten schöpfte keinen Verdacht. Mehrfach durchquerten sie während der Nacht englische Militärlager, ohne aufzufallen. Bei anderen Gelegenheiten wurden sie mit „Stopp!" zum Stehenbleiben aufgefordert und hörten, wie die Wachposten schon ihre Gewehre entsicherten, marschierten aber trotzdem weiter. Auf diese Weise schafften sie es, die Grenze zu erreichen und sogar den Grenzfluss Naf zu überqueren.[32] Nach dem Grenzübertritt verloren sie im Dschungel die Orientierung. Rolf Magener dazu:

„Auf unserer blinden Hetzjagd gerieten wir in eine schmale Schlucht, in deren wannenförmiger Enge das Wasser sich aufgestaut hatte. Bauchtief in den Tümpeln watend, andere durchschwimmend, waren wir gerade einem Wasserbecken entstiegen und um einen Felsvorsprung gebogen, als ich vor mir, auf Duell-Abstand, eine Gruppe von drei Gestalten gewahrte, Have ein verzweifeltes ‚Wir sind verloren!' zurief und sah, wie sich langsam die Gewehre gegen uns erhoben."[33]

Die drei Gestalten waren japanische Soldaten. Am 31. Tag ihrer Flucht war das Unwahrscheinliche geschehen: Magener und Have waren den Engländern entkommen. Allerdings bemerkten Magener und Have relativ schnell, dass sie sich zu früh gefreut hatten. Ihre Flucht erschien den Japanern so unwahrscheinlich, dass sie ihnen keinen Glauben schenkten und sie stattdessen für englische

32 Bild: Bundesarchiv (Nr. B 145 Bild-P022073 Frankl, A.) Gemeinfrei, CC-BY-SA 3.0 (Wikipedia)

33 Magener, R. (1963). Die Chance war Null. Frankfurt/Berlin: Ullstein, S. 108

Spione hielten. Zwei Monate[34] verbrachten die beiden von da an in japanischen Gefängnissen und Lagern, während die Japaner ihre Angaben überprüften und sie immer wieder verhörten. Danach wurden sie ins Hauptquartier der japanischen Geheimpolizei in Rangun gebracht.[35] Dort folgten weitere Verhöre und Untersuchungen. Die Verpflegung war dort so schlecht, dass den beiden die Haare ausfielen und sie schwerhörig wurden.[36] Have und Magener erfuhren nie den Grund, aber nach einem weiteren Monat schienen die Japaner zu dem Schluss gekommen zu sein, dass ihre Angaben auf Tatsachen beruhten. Man brachte sie im September 1944 von Rangun mit dem Flugzeug nach Tokio. Dort schenkte man ihnen die Freiheit. Magener und Have fanden Zuflucht in der deutschen Botschaft in Tokio, wo sie als Attaché arbeiten konnten.[37] In der Botschaft lernte Magener Doris von Behling kennen. Sie war als Tochter einer Schottin und eines deutschen Offiziers im Ruhestand in London geboren, fühlte sich der englischen Lebensweise ebenso verbunden wie Rolf Magener und arbeitete in der Botschaft als Assistentin des Luftwaffenattachés.[38] Rolf Magener nannte sie Dora Thea, was auf Griechisch „das Geschenk der Götter" bedeutet.[39] Die beiden heirateten noch während des Krieges. Die folgende Karte[40] zeigt die Fluchtroute von Magener und Have quer durch Asien.

---

34 Rolf Magener (Juni 2019). In Wikipedia, die freie Enzyklopädie. Abgerufen am 15.07.2020 von https://de.wikipedia.org/wiki/Rolf_Magener

35 Autor o. A. (1955, 29.06.). Der große Bluff. In: Der Spiegel, S. 35–36

36 Lüdtke, N. (1995). Flucht. Reisen in Zeiten von Not und Gefahr. Abgerufen am 15.07.2020 von https://fernreisemobiltreffen.de/willys-treffen/dokuwiki/doku.php?id=wiki:flucht

37 Heins von Have (2020). In Wikipedia, die freie Enzyklopädie. Abgerufen am 15.07.2020 von https://de.wikipedia.org/wiki/Heins_von_Have

38 Autor o. A. (2010, 11.11.). Doris Magener. The Telegraph, Seite o. A.

39 Hofmann, U. (2000, 05.08.). Vom Gefangenen Nummer 1775 zum Finanzchef. Frankfurter Allgemeine Zeitung, S. o. A.

40 Bild: Copyright unbekannt. Der oder die RechteinhaberInnen werden gebeten, sich bei uns zu melden, wenn sie mit der Veröffentlichung in diesem Werk nicht einverstanden sind.

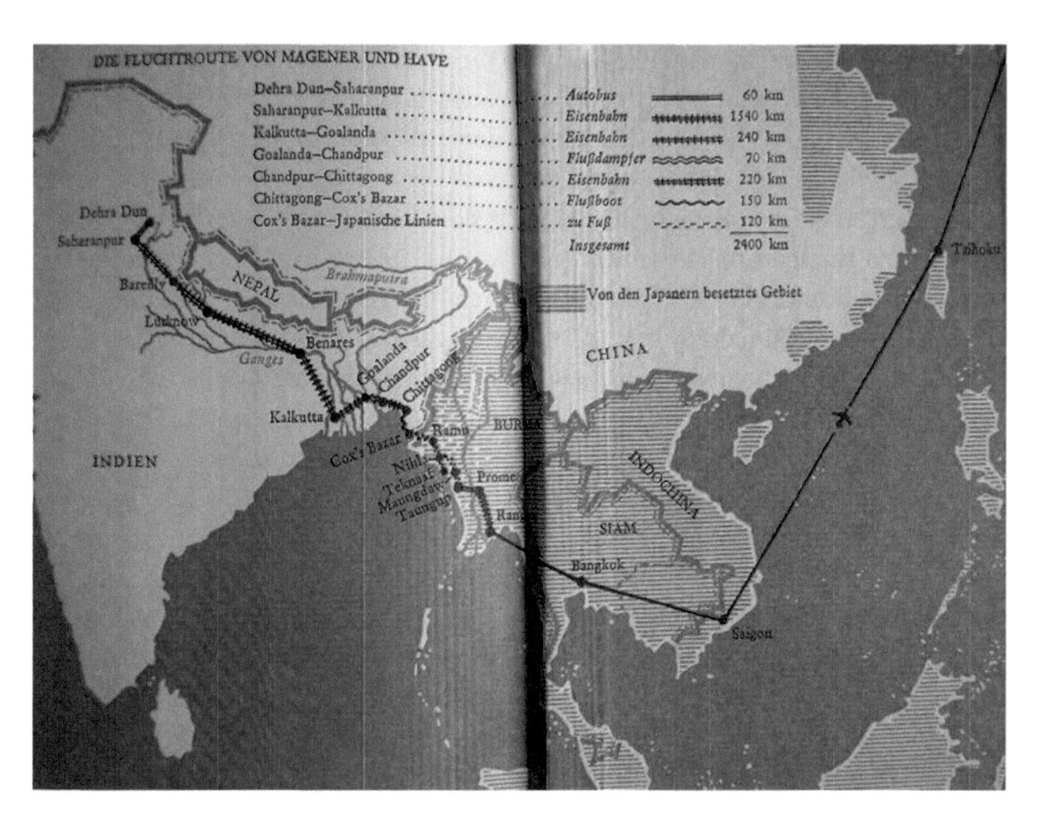

Am 26. Mai 1945 griffen amerikanische Flugzeuge Tokio an. Dabei machten Magener und Have erneut durch ihre Kaltblütigkeit von sich reden. Als sich die Bevölkerung des Enokizaka-Hügels vor dem durch den Bombenhagel entstandenen Feuer in Sicherheit bringen wollte, riefen die beiden die fliehenden Menschen auf, zu bleiben. Sie bildeten eine Menschenkette, durch die Wassereimer weitergereicht werden konnten, und kommandierten so umsichtig, dass sie eine Gruppe von Einheimischen dazu gewinnen konnten, mit ihnen gegen die Flammen zu kämpfen. Es gelang, den Hügel vor dem Feuer zu retten.[41]

Im Jahr 1947 konnten Doris und Rolf Magener nach Deutschland zurückkehren. Nach einem Aufenthalt in einem Auffanglager war Rolf Magener erst bei der Deutschen Commerz GmbH in Frankfurt tätig, ging dann 1955 zur BASF

41 Autor o. A. (1951, 01.10.). Herr Sorge saß mit zu Tisch. Der Spiegel, S. 37

und arbeitete für diese ab 1957 in London. Fünf Jahre später wurde er Finanzvorstand bei der BASF. Als solcher trug er wesentlich zur internationalen Expansion und zum Aufbau neuer Märkte bei.[42] Bei der BASF scharte er eine Gruppe junger, dynamischer Manager um sich, deren Karriere er förderte. Die Gruppe ging gelegentlich abends ins klassische Konzert, am Wochenende zum Wandern, traf sich beim Tee in seinem Büro und wurde die „Magener Boys" genannt.[43] Rolf und Doris konnten keine Kinder bekommen. Sie übernahmen aber die Patenschaft von Sylvius Graf von Posadowsky-Wehner, des Sohnes des gleichnamigen Klassenkameraden Rolf Mageners. Im Jahr 1974 wurde Magener pensioniert.

Zunächst wohnten Doris und Rolf Magener in der Werderstraße in Mannheim, ab 1965 zogen sie in die Wolfsbrunnensteige 20 in Heidelberg. Hier hatten sie sich eine schöne, repräsentative Villa gebaut, die auf dem folgenden Foto aus dem Jahr 1998 zu sehen ist.

42 Hofmann, U. (2000, 05.08.). Vom Gefangenen Nummer 1775 zum Finanzchef. Frankfurter Allgemeine Zeitung, S. o. A

43 Niejahr, E. (1996, 12.02.). Die Magener-Boys. Der Spiegel, S. 66ff.

Im Jahr 1980 trafen sich Magener, Have und Harrer in Heidelberg. Davon zeugt dieses Foto.[44]

Menschen, die sie noch erlebt haben, erzählten dem Verfasser, dass sie sehr zurückgezogen lebten, oft nach England fuhren und auch oft englisch miteinander sprachen. Das Haus und der große Garten in der Wolfsbrunnensteige sei Doris und Rolf Mageners Paradies gewesen. Weil beide eine Liebe zu Japan entwickelt hätten, habe es dort eine Abteilung mit japanischen Pflanzen gegeben, die beide gepflegt hätten. Gelegentlich sei Rolf nach Ladenburg gefahren, um in der dortigen Baumschule Nachwuchs für seinen Garten zu kaufen; aber auch Doris hätte aufgrund ihrer englischen Herkunft Gärten gemocht. Manchmal habe er am Hauptbahnhof auch eine russische Zeitung gekauft. Rolf Magener habe eine große Büchersammlung besessen. Zu seinen vielen Interessen hätten u. a. die Belletristik und (in späteren Jahren) die Philosophie gezählt. Einmal habe er sich mit dem in Heidelberg lebenden Philosophen Hans Gadamer

44 Heinrich Harrer (links), Heins von Have und Rolf Magener 1980 in Heidelberg. Der oder die RechteinhaberInnen werden gebeten, sich bei uns zu melden, wenn sie mit der Veröffentlichung in diesem Werk nicht einverstanden sind.

getroffen und ihm vorbereitete Fragen zu philosophischen Themen gestellt, die ihn beschäftigt hätten. Gadamer habe ihn aber wie einen Unwissenden behandelt, was Magener sehr enttäuscht habe.[45] Des Öfteren habe man Magener auch in der Universitätsbibliothek gesehen. Doris und Rolf Magener hätten 2- bis 3-mal pro Jahr das Restaurant im Europäischen Hof in Heidelberg besucht.[46] Rolf Magener starb kurz vor seinem 90. Geburtstag im Jahr 2000, seine Frau Doris zehn Jahre später. Da sie keine Kinder hatten, erbte der Sohn eines Freundes große Teile ihres Vermögens. Ihr Haus wurde inzwischen abgerissen. Das folgende Bild zeigt Doris und Rolf Magener im Jahr 1999.[47]

45 Telefonische Mitteilung von Sylvius Graf von Posadowsky-Wehner an den Verfasser, Mai 2020

46 Telefonische Mitteilungen von mehreren Bekannten von Rolf und Doris Magener an den Verfasser, Juni 2016

47 Doris und Rolf Magener. Bild: Roger Croston

Obere Neckarstraße 9:
Barbara Sevin

Wie war die Stimmung im sogenannten Dritten Reich aus? Bei der Beantwortung dieser Frage muss man klar zwischen der Zeit 1933 bis 1940 und 1940 bis 1945 unterscheiden. Nach der sogenannten Machtübernahme waren viele Menschen zunächst froh, dass die ständigen Demonstrationen und Straßenschlachten, die die Weimarer Republik geprägt hatten, aufhörten. Deutschland schien eine stabile Regierung zu haben, und das freute viele Bürger. Sie akzeptierten, dass nach und nach alle politischen Parteien verboten, Rundfunk und Presse gleichgeschaltet, Kommunisten und Sozialdemokraten in Arbeitslager gesteckt wurden etc., da es wirtschaftlich aufwärts zu gehen schien.

Die Arbeitslosigkeit sank, und zwar aus mehreren Gründen: Es gab ein staatlich finanziertes Beschäftigungsprogramm in der Landwirtschaft, im Straßenbau und Wohnungsbau. Einige Branchen (Landarbeiter, Fischereiarbeiter, Forstarbeiter, Dienstboten) wurden aus der Arbeitslosenversicherung herausgenommen; ein zusätzlicher Effekt wurde erzielt, indem Frauenarbeit verpönt wurde. Außerdem wurden 1935 die Wehrpflicht und der zwangsverpflichtende Reichsarbeitsdienst für junge Menschen eingeführt. Allerdings merkten die Leute, dass man nicht mehr offen seine Meinung sagen konnte. Immer mehr Menschen wurden zeitweise verhaftet oder verschwanden in den Lagern. Gewerkschaften, Arbeitnehmerorganisationen, Künstlervereinigungen, Sportvereine wurden durch NS-Organisationen ersetzt. Etwa ein Drittel der Hochschulangehörigen, städtischen und staatlichen Bediensteten wurden aus dem Dienst entfernt, weil sie Juden, Sozialdemokraten, Kommunisten, Zeugen Jehovas, regierungstreue Kirchenbedienstete o. Ä. waren. Das merkten die Leute schon. Trotzdem herrscht noch großer Jubel, als 1939 Polen und die Tschechoslowakei erobert und 1940 der „Erzfeind" Frankreich besiegt wurde. Hinzu kam, dass die meisten Deutschen dazu erzogen waren, Befehlen zu gehorchen, auch wenn sie sie selbst nicht einsahen. Als Hitler 1940 aber die Sowjetunion angriff, 1941 die USA Deutschland den Krieg erklärte, deutsche Städte fast täglich bombardiert wurden, die Zeitungen voll von Todesanzeigen der Bombenopfer und gefallener Soldaten waren und es immer weniger Essen zu kaufen gab, drehte sich die Stimmung. Dann war es aber zu spät.

In dem auf diesem Foto abgebildeten Haus in der Oberen Neckarstraße 9 wohnte 1933 die Studentin Barbara Sevin. Ihr Vater war 1921 an den Folgen einer Kriegsverletzung gestorben, und sie lebte mit ihren beiden Geschwistern bei ihrer Mutter in Berlin, bevor sie zum Studium nach Heidelberg kam. Dort wohnte sie zunächst bei ihrer Tante und ihrem Onkel. Ihre Mutter konnte ihr kein Geld für den Lebensunterhalt zahlen, aber Barbara Sevin gab schon früh Nachhilfe und bekam ein Stipendium. Sie pflegte in Heidelberg engen Kontakt mit Professoren, die ihre Ablehnung gegen das NS-Regime äußerten und spottete öffentlich über den Nationalsozialismus. Nachdem sie den Hitlergruß verweigerte, zwang sie ihre Tante, auszuziehen, weil sie in ihr eine Gefahr für sich sah. Deshalb zog sie in dieses Haus, wo sie bei einer pensionierten Lehrerin wohnte. Während ihres Studiums nahm Barbara Sevin an einem Lager des Reichsarbeitsdienstes teil. Das waren offiziell freiwillige, meist 10-wöchige Arbeitseinsätze junger Menschen zwischen 18 und 25 Jahren. Lager waren nach Ansicht der Nationalsozialisten besonders gut dafür geeignet, den Charakter junger Menschen in ihrem Sinn zu „formen". Dadurch, dass die meisten Lager in ländlichen Gebieten waren, wurde außerdem die vom Nationalsozialismus propagierte Einheit zwischen „Blut und Boden", also der sogenannten „germanischen Rasse" und ihrem Siedlungsgebiet, gestärkt. In ihren Lebenserinnerungen schreibt Barbara Sevin über ihre Zeit in einem Lager des Reichsarbeitsdiensts in Neckarbischofsheim:

„Man kann sich als Außenstehende wohl kaum vorstellen, welch eine byzantinische Unterwürfigkeit herrschte. Das Wort der Führerin (des Lagers, ergänzt vom Verf.) war alles, der Mensch war ein Staub, ein Nichts (...) Jeder versuchte, der Führerin alle ihre Wünsche und Gedanken abzulesen, um ja einen guten Eindruck zu machen. Nur Arbeitsdienst, nur Körper, nur Volksgemeinschaft galt. Während dieser ganzen Zeit wurde das Wort Geist nicht erwähnt."

Und:

„Lange Tafeln standen parallel zu den Wänden, also im Viereck. Ich hatte gleich im Anfang das Essen wegzutragen und kam deshalb etwas später hinzu. Gleich bei der Tür saßen Ruth Pagel (die Leiterin des Lagers, ergänzt vom Verf.) und ihre Clique. Sie führte die Unterhaltung, anscheinend leicht und liebenswürdig, auf persönliche Verhältnisse und Gedanken eingehend. Eine von ihrem Stabe, fiel mir auf, hatte den Kopf gesenkt. Es fiel mir auf, weil die ‚Führerinnen' ihn im Allgemeinen stolz erhaben tragen. Oder fürchtete sie sich vor Ruth? Ich schaute genauer hin, wie es mich interessierte und bemerkte zuerst, dass sie unter dem Tisch etwas auf dem Schosse hielt und dann sah ich zu meinem restlosen Entsetzen, dass sie mitschrieb. Da lotste also Ruth die Mädchen bewusst aufs Glatteis, unter hinterher setzte sie sich mit den

anderen Nazis hin und hechelte diese harmlosen Aussagen ‚vom gemütlichen Beisammensein' aus. Natürlich tat ich alles zur Verbreitung dieser Tatsache." [48]

In ihrem letzten Studienjahr wechselte Barbara Levin nach München. Dort fertigte sie oppositionelle Flugblätter an. Dies brachte sie in Gefahr. Deshalb floh sie 1935 nach England und von dort in die USA. Das folgende Bild zeigt Angehörige des Reichsarbeitsdienstes 1936 beim Straßenbau.[49]

48 Schutz-Sevin, B. (1940). Nacht über Heidelberg. Unveröffentlichter Text aus dem Privatarchiv von Norbert Giovannini. In Heidelberger Lupe (Hrsg.) (2018), Spurensuche – Heidelberg im Nationalsozialismus (S. 61–64)
Abgerufen am 15.07.2020 von https://heidelbergerlupe.wordpress.com/materialheft

49 Bild: Bundesarchiv (Nr. B 145 Bild-P022073 Frankl, A.) Gemeinfrei, CC-BY-SA 3.0 (Wikipedia)

Ziegelhäuser Landstraße 17a: *Roswitha Fröhlich*

Im Dachgeschoss dieses Hauses[50] wohnte seit 1942 Roswitha Schmölder, ihre Schwester Barbara und ihre Eltern Dr. Karl und Ursula Schmölder. Die Familie wohnte vorher in Berlin. Karl Schmölder war dort Ministerialdirektor in der wirtschaftspolitischen Abteilung des Reichwirtschaftsministeriums gewesen und dann Bankdirektor und Vorstandsmitglied der Rheinischen Hypothekenbank in Mannheim geworden. Die 1924 geborene Roswitha studierte in Frankfurt Germanistik und Kunst, konnte dort aufgrund des Krieges aber kein Examen machen. Ungefähr 1942 lernte sie den 1916 geborenen Felix Fröhlich kennen, der sich damals in Heidelberg in den letzten Zügen seines Medizinstudiums befand.[51] Am 18. November 1944 heirateten die beiden. Die Trauung fand im Stift Neuburg statt, weil Felix katholisch war (Roswitha war Protestantin). Nach dem Gottesdienst ging die Hochzeitsgesellschaft zu Fuß zum Essen in das heute noch

50 Foto: Sebastian Klusak, EEB Heidelberg

51 Schriftliche Mitteilung von Annette Fröhlich vom 22.05.2020 gegenüber dem Verfasser

bestehende Restaurant in der Hirschgasse. Es war so warm, dass Rositha und ihr Mann keine Mäntel für den Weg entlang des Neckars brauchten. Allerdings rauschten dreimal Tiefflieger an der Hochzeitsgesellschaft vorbei. Nach dem Essen zog sich das junge Paar ins Felix´ Studentenbude in der Steingasse zurück.[52] Das folgende Bild zeigt Roswitha Fröhlich ungefähr zu dieser Zeit.[53]

Damals wurden junge Ärzte oft direkt nach ihrem Examen als Sanitätsarzt an die Front geschickt. Roswitha hoffte, dass Martin dieses Schicksal erspart bleiben würde – doch vergebens. In ihrem Tagebuch schrieb sie am 5. Januar 1945:

„Heute morgen kam die Nachricht, dass Martin nach Linz am Rhein muss, um dort in einem Reservelazarett zu arbeiten. Ich habe beschlossen, mitzugehen, obwohl die Eltern natürlich entsetzt sind. Leichtsinn! Wahnsinn! Selbstmord! Was willst du denn da? Nichts für Frauen! Und so weiter. Aber darauf kann ich nun keine Rücksicht mehr nehmen. Ich will mit Martin zusammenbleiben, sonst nichts. Alles ist gepackt. Morgen früh geht´s los." [54]

---

52 Fröhlich, R. (1979). Ich konnte einfach nichts sagen. Hamburg: Rowohlt, S. 7

53 Bild: Annette Fröhlich

54 Roswitha Fröhlich als junge Frau. Bild: Annette Fröhlich

Nicht nur ihre Eltern, auch Martin war dagegen, dass Roswitha Fröhlich ihn an die Front begleitete. Erst später wurde ihr klar, dass bei dieser Entscheidung nicht nur ihre Liebe zu Martin, sondern auch ihr Wunsch, sich von ihrem Elternhaus abzunabeln, sowie eine gewisse Portion Abenteuerlust eine Rolle gespielt hatten.[55] Dessen ungeachtet ist das Schicksal Roswitha Fröhlichs einer der ganz wenigen dokumentierten Fälle, in denen während des Zweiten Weltkriegs deutsche Frauen ihre Männer an die Front begleiteten. Als das frischgebackene Ehepaar in Linz ankam, wurde Martin dort schon sehnlichst erwartet. Knapp drei Wochen vorher hatte die Wehrmacht an der Westfront die Ardennenoffensive begonnen. Die deutschen Truppen konnten die Amerikaner und Engländer an einigen Stellen bis zu 100 Kilometer zurückdrängen. Dann aber stockte der Vorstoß. Es begannen erbitterte Kämpfe. Viele Verwundeten dieser Gefechte wurden über die Ludendorff-Brücke in Remagen auf die rechte Seite des Rheins gebracht und in den Lazaretten in der Nähe Remagens, wozu auch das Hospital in Linz am Rhein gehörte, behandelt. Darüber hinaus war klar, dass es nicht lange dauern würde, bis die Alliierten auch Linz selbst einnehmen würden. Als Martins neuer Vorgesetzter erfuhr, dass sein neuer Arzt seine Ehefrau mitgebracht und beide keine Unterkunft hatten, verlor er die Fassung. Er sagte, dass Roswitha nur drei Tage in Martins Zimmer wohnen bleiben dürfe. Bereits am nächsten Tag suchte Roswitha in der Stadt nach einer Unterkunft – allerdings erfolglos. Aufgrund der vielen Flüchtlinge waren alle Wohnungen und Häuser hoffnungslos überbelegt. Es gab auch fast nichts zu essen, noch nicht einmal Brot oder Marmelade, und Licht und Wasser fielen immer wieder aus. Den Rest des Tages verbrachte Roswitha in Martins Zimmer. Dieses befand sich im Franziskus-Krankenhaus etwas oberhalb der Innenstadt. Auch dort wurden Verwundete gepflegt. Martin arbeitete aber nicht dort, sondern in einem Hospital in der Innenstadt. In dem Zimmer standen ein Feldbett für eine Person, ein Nachttisch, ein Schrank und zwei Stühle. Doch Roswitha gefiel es dort. Von der Dachluke aus konnte sie die nur wenige Kilometer entfernte Ludendorff-Brücke in Remagen sehen. Das folgende Foto zeigt das Franziskus-Krankenhaus, in dem sich das Zimmer befand.[56] Es wurde 1979 abgerissen. Auch

---

55 Fröhlich, R. (1979). Ich konnte einfach nichts sagen. Hamburg: Rowohlt, S. 10

56 Das Franziskus-Krankenhaus in Linz. Bild: Stadtarchiv Linz am Rhein

in den Folgetagen fand Roswitha Fröhlich kein eigenes Zimmer. Sie begann, in dem Krankenhaus, wo sie wohnte, und in Hospital, wo ihr Mann arbeitete, bei der Versorgung der Verletzten zu helfen.

Am 14. Januar schrieb sie in ihr Tagebuch:

„Heute zum Essensausteilen drüben bei Martin. Alles noch schlimmer als hier. Die Säle überfüllt, es stinkt zum Ersticken nach Eiter, keiner gewaschen, keiner rasiert, immer noch kein Wasser. Die Patienten liegen zum Teil auf unbezogenen Betten, fluchen über das miserable Essen. Manche wollten auch gar nichts und haben nur so vor sich hingestarrt. Bei manchen denkt man auch, dass sie nur noch sterben wollen. Sie haben so einen weltabgewandten, unwirklichen Gesichtsausdruck." [57]

In den folgenden Wochen wurde die Kunststudentin Roswitha immer öfter zu Hilfsdiensten im Lazarett eingesetzt. Sie ging Martins Vorgesetztem nach Möglichkeit aus dem Wege und konnte so im Krankenhaus wohnen bleiben. Am 7.

57 Fröhlich, R. (1979). Ich konnte einfach nichts sagen. Hamburg: Rowohlt, S. 12

März wurde die Brücke von Remagen durch amerikanische Truppen eingenommen. Den Deutschen war es nicht gelungen, sie rechtzeitig vorher zu sprengen. Daraufhin überquerten mehrere Tausend amerikanische Truppen die Brücke und nahmen kurz darauf auch Linz ein. Davon berichtete am 9. März die Baltimore News-Post auf ihrer Titelausgabe.[58]

Wealthy D. C. Society Woman Slain

THE WEATHER

THE BALTIMORE NEWS-POST

AN INDEPENDENT NEWSPAPER

The Largest Evening Circulation in the Entire South

VOL. CXLVI.—NO. 101 FRIDAY EVENING, MARCH 9, 1945 PRICE 2 CENTS

NIGHT

Wall St. Opening

YANKS OVER RHINE MOVE INLAND 4 MILES

Reach Ancient City Of Linz

PARIS, March 9—(U. P.)—American tanks, guns and troops streamed through the Rhine bridgehead south of Cologne and rammed four miles or more into the German hinterland today in a quick-breaking drive that Berlin said had reached the ancient Rhineland city of Linz. Heavily censored front dispatches said doughboys of an unnamed American First Army Division were fanning out in a rapidly widening arc east of the Rhine and already had captured "numerous" German towns and villages on the "Reich side" of the great river barrier.

Rich Woman Found Slain In D.C. Home

Japanese Report Yank Landing On Mindanao Island

Berlin Fight On In Full Fury--Reds

Maj. Gen. Mudge Severely Wounded

Boy, 5, With 'Extra Size' Heart Doomed

Man Nailed To Cross Under Chicago's 'El'

Woman Writer Crosses Rhine With 1st Troops

Marines Smash To North Cliff Of Iwo

Gloria In Reno, Silent About Pat

ORATORICAL CONTEST

Temperatures

---

58 Reproduktion: Stadtarchiv Linz am Rhein

Das Hospital, in dem Martin arbeitete, und das Franziskus-Krankenhaus wurden von amerikanischen und belgischen Ärzten und Schwestern übernommen. Die deutschen Beschäftigten wurden an ihren Arbeitsstätten festgehalten. Sie waren jetzt Kriegsgefangene. Vom Speisesaal aus sah Roswitha zufällig, wie die Brücke von Remagen am 17. März wegen Überlastung in den Rhein sackte. Vier Tage später erfuhr Roswitha, dass die deutschen Ärzte am Folgetag vermutlich nach Frankreich abtransportiert werden sollten. In ihrer Not bat sie ausgerechnet Martins Vorgesetzten, ihr einen Ausweis ausstellen zu lassen, der sie als Krankenschwester auswies, und ihr Schwesternkleidung zu besorgen, damit sie Martin in die Gefangenschaft folgen konnte. Der Vorgesetzte tat dies tatsächlich. Ärzte und Schwestern wurden mit Autos über eine Pontonbrücke in Remagen und in Viehwaggons über mehrere Tage lang nach Namur in Belgien transportiert. Sie wurden gut behandelt und bekamen Kaffee, Mais, Milchbrot und Mais zu essen – für Roswitha die beste Mahlzeit seit Jahren. Nach einigen Tagen, in denen sie verhört wurden, ging die Fahrt per Bahn weiter nach Frankreich. In Lison in der Normandie wurden die Schwestern in die hinteren Waggons umquartiert. Von dort sah Roswitha durch das Fenster, wie die Ärzte an ihnen vorbeigeführt und auf Lastwagen verfrachtet wurden. Sie konnte Martin noch kurz umarmen, dann trennten sich ihre Wege. Roswitha war untröstlich. Die Schwestern wurden nach Carentan – ebenfalls in der Normandie – verlegt. Dort befanden sich rund 150 Schwestern und 1000 deutsche Kriegsgefangene. Die Aufgabe der deutschen Schwestern war es, die deutschen Verwundeten unter diesen Gefangenen zu versorgen. Roswitha wurde aufgrund ihrer Englischkenntnisse jedoch im Büro der Oberschwester eingesetzt. Später arbeitete sie zusätzlich in der Registratur. Dort hatte sie Gelegenheit, einige Illustrationen anzufertigen, die sie später in ihr Tagebuch aufgenommen hat, das 1979 als Buch erschien. Eine dieser Illustrationen, die im Folgenden abgebildet ist, zeigt die achtsitzigen Latrinen in Carentan.[59]

59 Bild: Roswitha Fröhlich

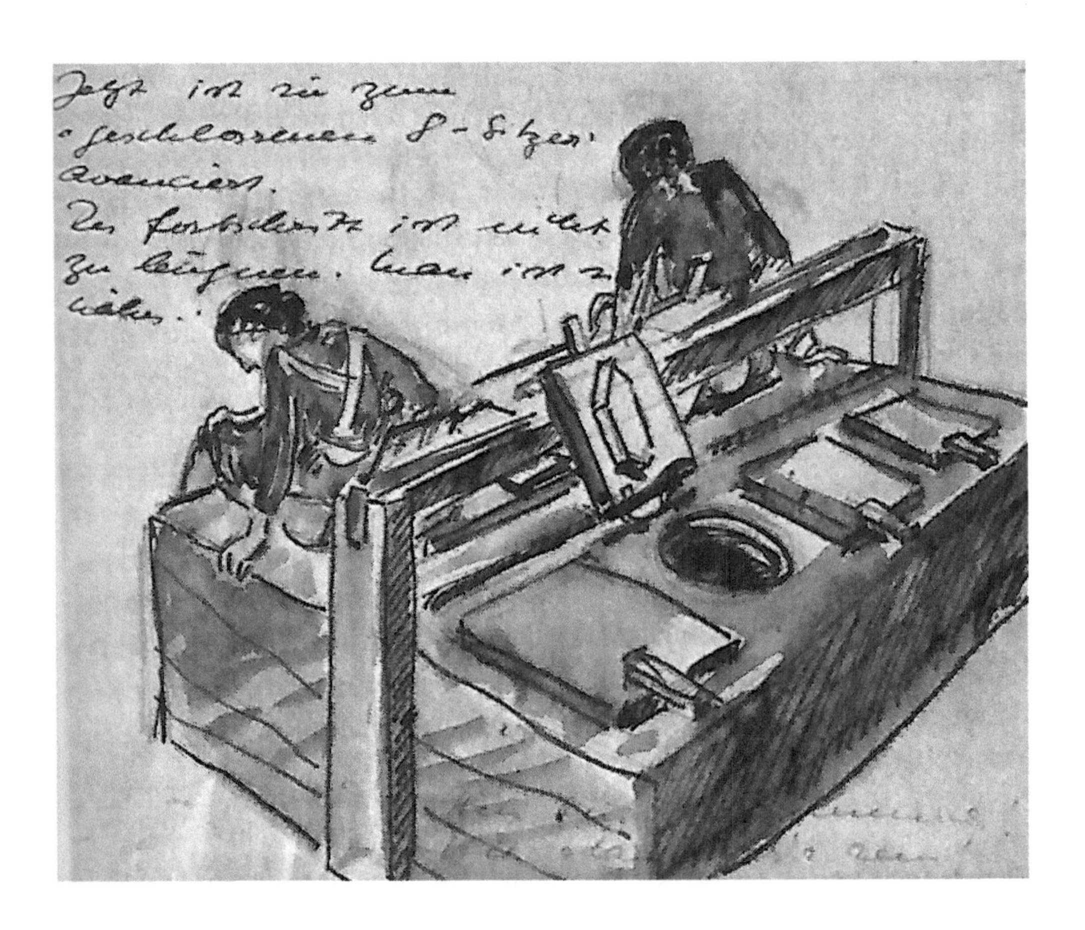

Obwohl die Verpflegung im Lager gut, die Arbeit relativ leicht und die Bewacher relativ freundlich zu ihr waren, belastete Roswitha die Ungewissheit über den Verbleib ihres Mannes und das Schicksal ihrer Familie in Heidelberg. Am 9. Mai erfuhr sie, dass Deutschland die bedingungslose Kapitulation erklärt hatte und der Krieg beendet war.

„Ich hatte mir diesen Augenblick so viel erhebender vorgestellt, und nun, wo er da ist, ist alles ganz anders. Was wird aus uns? Kommen wir jetzt nach Hause? Immer wieder fängt eine an zu reden, als wir einschlafen wollen. Wie sieht es zu Hause aus, warum sind wir nicht dabei, wenn sie zu Hause Frieden feiern?" [60]

60 Fröhlich, R. (1979). Ich konnte einfach nichts sagen. Hamburg: Rowohlt, S. 63

Am 19. August 1945 war sie gerade wieder auf Station, als ein ihr fremder deutscher Soldat in ihr Zelt kam und fragte, ob er sie unter vier Augen sprechen könne. Die beiden gingen vor das Zelt, und der Soldat übergab ihr eine Streichholzschachtel und bat sie, die Schachtel erst zu öffnen, wenn sie allein sei. Das tat sie und fand in der Schachtel einen zusammengefalteten, mit kleinen Buchstaben geschriebenen Brief ihres Mannes. Er befand sich im Kriegsgefangenlager Lison, das nur etwa 25 Kilometer von Carentan entfernt war. Dort musste er als Arzt ebenfalls Kriegsgefangene behandeln. Während der letzten Monate hatte er viele Patienten gefragt, ob es irgendwo ein Lager gäbe, in denen gefangene deutsche Schwestern arbeiteten. Viele deutsche Kriegsgefangene aus anderen Lagern, die geröntgt oder zahnmedizinisch behandelt werden mussten, wurden nämlich zu diesem Zweck nach Carentan gebracht. Darunter waren auch immer wieder Kriegsgefangene aus Lison. Der ersten Streichholzschachtel-Nachricht folgten weitere. In ihnen kündigte Martin oft seinen Besuch bei ihr an. Roswitha beantwortete die Briefe in der Regel sofort und gab sie dem überbringenden Soldaten wieder mit. Am 6. Oktober 1945 schaffte es ihr Mann tatsächlich, als blinder Passagier in einem Lastwagen mitzureisen, der aus seinem Lager nach Carentan fuhr. Er verstecke sich zwischen großen Wäschesäcken. Roswitha schrieb in ihr Tagebuch:

„Mittags, bin auf die Latrine geflüchtet, um allein zu sein, zu heulen, zu denken, mich zu beruhigen. Ich muss es aufschreiben sofort, kann sowieso nicht arbeiten. Ich glaube, noch nie in meinem Leben war mir gleichzeitig so glücklich und so elend zumute. Martin war hier! Wir haben uns gesehen, gefühlt, gesprochen, er war es wirklich, auch wenn ich immer noch nicht daran glauben kann. Und jetzt, wo er wieder fort ist, bin ich so zerrissen und tot, obwohl ich doch glücklich sein müsste. Wir waren uns so fremd in den ersten Minuten, er sah auch irgendwie verändert aus in dieser Amikluft. Ich sagte irgendwas darüber: Die Mütze wirke so fremd oder so was. Und dann fand ich das so entsetzlich, dass ich das so gesagt hatte, war so unglücklich und wollte es ganz schnell wiedergutmachen."[61]

---

61 Fröhlich, R. (1979). Ich konnte einfach nichts sagen. Hamburg: Rowohlt, S. 96/97

Am 17. November kam Martin noch einmal mit dem Wäschetransporter nach Carentan. Diesmal war die Stimmung zwischen ihm und Roswitha gelöster, doch die beiden wurden entdeckt. Martin wurde von Soldaten zurück nach Lison gebracht, musste dort zur Strafe ein je 2 Meter hohes, tiefes und breites Loch graben und anschließend wieder zuschütten. Kurz darauf wurde er in das 300 Kilometer entfernte Lager Bolbec bei Le Havre verlegt. Von dort aus konnte er Roswitha nicht mehr heimlich besuchen, ihr aber weiterhin Briefe zukommen lassen. An Weihnachten ließ er ihr sogar ein Paar von ihm selbst genähte Pantoffeln zukommen. Für den Gottesdienst an Weihnachten hatte Roswitha auf Bitten eines ebenfalls gefangenen Pfarrers eine Madonna gemalt.

Während ihrer gesamten Gefangenschaft schrieb Roswitha immer wieder Briefe zu ihrer Familie nach Heidelberg, doch sie bekam keine Antwort. Erst am 18. Januar 1946 erhielt sie einen Brief ihrer Mutter vom 5. November. Darin stand, dass ihre Familienmitglieder alle noch gesund seien und die Familie noch in ihrem Elternhaus lebte. Roswitha fiel ein Stein vom Herzen. Anfang März 1946 wurde sie endlich entlassen. Sie fuhr mit dem Zug nach Heidelberg.

„Der Hauptbahnhof sah fast unverändert aus. Eigentlich wirkte alles unverändert, als sei ich gar nicht fortgewesen. In der Uferstraße am Neckar ging ich etwas langsamer. Nicht nur, weil mir mein Gepäck immer schwerer vorkam, sondern weil sich meine Schritte gewissermaßen von allein verlangsamten. Hinter einer der Platanen, hundert Meter von unserem Haus entfernt, blieb ich stehen und wartete auf meinen eigenen Mut. Wäre ich nicht doch besser im Zug geblieben? Ich ging weiter, jetzt wieder so schnell ich konnte, stand erschöpft und atemlos vor unserem eisernen Gartentor, fand die Klingel, ohne sie zu suchen, und klingelte Sturm." [62]

Ihr Mann kam drei Wochen später heim. Anfang der 50er Jahre zog Roswitha mit ihrem Mann nach Mannheim, wo dieser eine HNO-Praxis betrieb. Sie bekamen einen Sohn und eine Tochter. Ab Sommer 1967 arbeitete sie beim Süddeutschen Rundfunk in Heidelberg als freie Mitarbeiterin und Redakteurin. In dieser Zeit schrieb sie mehrere Hörspiele. Ihr erstes Kinder- und Jugendbuch

---

62 Fröhlich, R. (1979). Ich konnte einfach nichts sagen. Hamburg: Rowohlt 1979, S. 137

„Probezeit“ erschien 1981 beim Weinheimer Verlag Beltz und Gelberg. Das folgende Foto stammt ungefähr aus dieser Zeit.[63]

Viele weitere Kinder- und Jugendbücher sowie Beiträge (v. a. Gedichte) in Schulbüchern und Anthologien folgten. Roswitha Fröhlich starb im Oktober 2008 in Mannheim, ihr Mann im Juni 2013.

63 Roswitha Fröhlich circa 1980. Bild: Annette Fröhlich

Heumarkt 8:
Gilbert Thiery

Während des Zweiten Weltkrieges lebten in Heidelberg 12.000 bis 15.000 Kriegsgefangene, Zwangsarbeiter und andere sogenannte Fremdarbeiter. Die meisten wurden gegen ihren Willen zur Arbeit verpflichtet.[64] Einer von ihnen war Gilbert Thiery aus Baccarat in Lothringen. Er wurde im Herbst 1944 nach Heidelberg deportiert und musste in der Metzgerei Scheckenbach im Haus Heumarkt 8 arbeiten, das auf dem folgenden Foto zu sehen ist.[65] Das folgende Interview mit ihm wurde von Mitgliedern des Projekts „Zwangsarbeit im Rhein-Neckar-Raum" an der Integrierten Gesamtschule Mannheim-Herzogenried geführt.[66] Der Verfasser dankt der Arbeitsgemeinschaft für die Abdruckerlaubnis.

„Ich wohnte in der Stadt Baccarat und dann wurden wir in das Dorf Pexonne evakuiert. Da war ich mit meiner Mutter, meinem Großvater und meiner Großmutter bei meinem Schwager, der in Pexonne wohnte. Meine Großmutter hatte kurz vorher das Schlüsselbein gebrochen, wir hatten sie in einem kleinen Karren nach Pexonne evakuiert. Und in Pexonne beschäftigte ich mich ein wenig, ich war ja Metzgerlehrling, ich kümmerte mich um die Ernährung der Evakuierten. Ich machte Gemeinschaftsessen und so Sachen. Wir holten uns Kartoffeln von den Feldern. Ich war als Metzgerlehrling der Koch, der Essen für die Evakuierten machte. Wir hatten einen

---

64 Würzner, E. Geleitwort (2013). In Habersack, A. Fremdarbeiter in Heidelberg während des Zweiten Weltkrieges. Ubstadt-Weiher: Verlag Regionalkultur, S. 5

65 Bild: Sebastian Klusak, EEB Heidelberg

66 Dieses und andere Interviews sind auf der Webseite des Projekts http://zwangsarbeit.igmh.de/ abrufbar

großen Topf, wir hatten eine Kuh geschlachtet, kochten sie und verteilten das. Es gab Leute aus überallher in Pexonne, aus Bertrichamps, aus Raon.

Und dann wurden wir brutal zusammengeholt, ohne zu wissen warum. Die Deutschen haben uns in die Kirche von Pexonne gesteckt. Wir haben Angst gehabt, dort verbrannt zu werden. Ich weiß nicht genau, wie lange, aber wir waren sicher vier Stunden drin. Wir waren 150, die aus den Dörfern drum herum geholt worden waren. Das war nicht die Wehrmacht, das war die SS. Danach in der Schule von Badonviller haben wir auf Kohlehaufen und Kartoffelhaufen geschlafen. Und dann hat man uns in den Zug verladen, um uns nach Deutschland zu bringen. Das Glück wollte, dass es in Deutschland ein Bombardement gab bei Mannheim und Heidelberg, das hat unsere Weiterfahrt wahrscheinlich nach Dachau gestoppt.

Daraufhin hat man uns nach Heidelberg gebracht in einen Gymnastiksaal (dies war wahrscheinlich der auf dem folgenden Foto[67] abgebildete ehemalige kurfürstliche Marstall in der Marstallstraße, in dem sich damals Turnräume der Universität befanden, Anm. des Verf.), wo wir darauf warteten, dass Leute uns abholen.

Die Patrons sind gekommen, die uns beschäftigen wollten. Ich selbst habe in einer Metzgerei gearbeitet. Der Chef hieß Sebastian Scheckenbach. Er wohnte Heumarkt 8, an einer kleinen Straße, die zum Neckar hinabführte.

Das war eine kleine Metzgerei, in dem Haus habe ich gewohnt. Es gab da schon Kriegsgefangene, die in der Metzgerei arbeiteten. Ich selbst war Metzgerlehrling, war 16 Jahre alt, als ich in diese Metzgerei kam. Ich bin nicht unglücklich gewesen, aber ich war auch nicht glücklich, weil ich von meiner Familie getrennt war. Ich habe sehr wenig deutsch gesprochen.

Ich habe ruhig gelebt, ich hatte nicht so viel Beziehungen zu meinen Arbeitgebern. Aber ich bin nicht unglücklich gewesen. Ich bin nie geschlagen worden. Ich konnte ausgehen, fast wenn ich wollte. Der Patron war ein Schlaukopf, er hatte

67 Bild: Sebastian Klusak, EEB Heidelberg

mir falsche Papiere machen lassen in der Art, dass mein Familienname statt Thiery dort Gilbert war, was deutsch ausgesprochen wurde.

F: Wie viel Stunden am Tag haben Sie gearbeitet?
Ich war kein Märtyrer, wir arbeiteten normal, vielleicht zehn Stunden am Tag, aber das waren keine arbeitsintensiven Stunden. Vielleicht waren es 50 Stunden in der Woche oder mehr. Abends hatte ich frei, ich hatte das Recht auszugehen, ich hatten den Ausweis mit meinen umgedrehten Namen, ich konnte wegbleiben bis zu der festgelegten Stunde.

F: Und die Kleidung?
Ah, ich habe während der Zeit etwas gehabt, man hat mir Sachen zum Anziehen gegeben, eigene Sachen. Mein Patron gab mir Tabak, er gab mir sogar Geld, damit ich ausgehen konnte. Ich bin durch die Straßen spaziert, ich habe sogar ein Kino besucht. Da gab es Nazi-Propaganda, das war klar und es war auf Deutsch, aber es gab doch etwas Unterhaltung. Ich habe die Brücken besucht, die Neckarbrücken. Die historischen Bauwerke wie das Schloss haben mich nicht so interessiert. In die Kirche bin ich nie gegangen.

Ich konnte mich mehr oder weniger frei bewegen. Wenn ich abends ein wenig ausgehen wollte, war innerhalb bestimmter Stunden in Heidelberg erlaubt. Und ich versorgte ein wenig meine Kollegen, die mit mir deportiert worden waren. Da gab es welche, die in der Nähe arbeiteten und schlimmer dran waren als ich, da sie nichts zu beißen hatten. Ich hatte zu essen, ich musste ins Schlachthaus gehen, um etwas zu holen.

Im Vertrauen gesprochen, da gab es die Stierhoden, die die Deutschen nicht mitgenommen haben. Also nahm ich sie und brachte sie meinen Kollegen, die schlimm dran waren. Ich hatte Freunde, die mit mir zusammen gewesen waren, sie hatten mir etwas zu beißen gegeben während des Transports. Denn meine Mutter hatte keine Zeit gehabt, etwas für mich vorzubereiten. Also hatte ich während des Transports nach Deutschland nichts zu essen mitgehabt. Nun konnte ich ihnen helfen.

Von meinen französischen Kameraden dort sind viele tot. Einer hieß André Susset, er war von St. Maurice, einem Nachbardorf von Pexonne. Beim spazieren gehen in der Stadt habe ich ihn eines Tages getroffen. Ich habe zu ihm gesagt: „Habe keine Angst! Ich gebe dir, was ich kann." Ich konnte sehr gut mit der Verkäuferin in der Metzgerei. Da gab es Lebensmittelmarken für Fett, für Rindfleisch und anderes. Und ich habe diese Marken meinem Kumpel gegeben. Es gab sogar Fälle, wenn sie keine Marken hatte, dann gab sie mir Fleisch, wenn die Chefin nicht da war. Gerade Susset hatte mir während der ganzen Eisenbahnfahrt geholfen, er musste nun im Wald arbeiten oder sonst wo. Ich gab ihm einen Haufen Sachen, alles was ich konnte: Tabak, Butter, Lebensmittelmarken.

Die Metzgersfrau hat mir Lebensmittelmarken gegeben, die habe ich meinem Freund weitergegeben, damit er sich verpflegen konnte, denn er war wirklich schlecht dran. Ich habe ihm auch Hemden gegeben. Susset ist jeden Sonntag gekommen, jeden Sonntag, ich lud ihn zum Essen ein. Ich habe ihn in ein Restaurant geführt, wo sie damals „Stammessen" servierten. Das waren Kartoffeln mit Kohl oder so etwas. Ich hatte ja tatsächlich Geld, um etwas in den Restaurants zu bezahlen. Das waren keine Leckerbissen.

Ich sage die Wahrheit: Es gab Leute, die schlimm dran waren, aber ich hatte Glück zu einer Familie zu kommen, die wirklich freundlich war. Ich war irgendwie verletzt, als ich ankam. Da wurde ich durch einen deutschen Arzt behandelt, der Bescheid wusste. Der Arzt kam her, er hat mein Bein versorgt, ich hatte eine Wunde am Bein. Auch die deutschen Polizisten waren auf dem Laufenden. Es war wie überall: es gab einen kleinen Schwarzmarkt. Die Leute hatten Hunger, und der Patron war Metzger, also machte er ein wenig, wie er wollte. Er sprach nicht Französisch, aber ich hatte ein wenig Deutsch gelernt in der Schule, ganz wenig, das habe ich dort ein wenig erweitert. Die Metzgerei war im Erdgeschoss hinten hinaus, vorne war der Verkaufsraum, und unten im Keller war der Kühlraum.

Die Frau des Patrons war die Verkäuferin, sie war ziemlich jung, übrigens hübsch. Sie war ziemlich kräftig. Scheckenbach selbst war sehr, sehr mager. Er rauchte ungeheuer viel. Es gab eine Haushälterin, die Lisbeth hieß. Sie kam jeden Tag für den Haushalt, denn die Chefin arbeitete in der Metzgerei mit der Verkäuferin zusammen. Das war eine kleine Metzgerei, ihr habt sie ja gesehen ... Die Kinder waren viel jünger als ich, fast noch Kleinkinder. Die eine Tochter ging in den Kindergarten, die andere in die Grundschule. Ich erinnere mich, dass ich ihr bei den Hausaufgaben geholfen habe, in Mathematik. Das ist in Deutschland und Frankreich dasselbe.

Der Patron machte mit bei denen, die nachts Dienst taten, bei der Stadtwacht. Aber trotzdem hatte er keine Beziehungen zu den Nazis, überhaupt nicht. Er war katholisch, aber ich denke nicht, dass er das sehr viel praktizierte. Ihr wisst ja, dass in Deutschland Weihnachten eine mächtige Sache ist. Zu Weihnachten haben sie mir Geschenke gegeben, sie haben mir Zigaretten geschenkt, sie haben mir Konfekt geschenkt, alle möglichen Sachen.

Ich wohnte in einem Zimmer zusammen mit einem Lehrling, der auch da arbeitete. Sein Name war lustig, denn er hieß Trudpert. Wir waren zu zweit im Zimmer: Er war Deutscher, er musste in die HJ gehen, und ich war Franzose – klar, dass man sich nicht allzu gut verstand (...) Ich weiß, dass er bei den Hitlerjungen war, von Zeit zu Zeit hing er den Dolch, zog sich an für Paraden, für Zeremonien. Da hatte er ein Armband und einen Dolch. Er war dann eine Art Soldat, ich wusste wie das deutsche Militär aussah. Er hob den Arm und schrie für Hitler. Das war ein kleiner Kerl, er war dick und kleiner als ich. Wenn er in die Stadt ging und einen Offizier sah, sagte er ‚Heil Hitler!' Er war vollkommen verrückt, der Typ. Er war ein bisschen jünger als ich, 14 oder 15. Gut, wir hatten keine Beziehung miteinander, wir sprachen praktisch nicht miteinander. Er hat nichts gesagt und ich wollte ebenso nicht mit ihm sprechen. Er musste dann zum Militär, er war dann praktisch nicht mehr da. Er musste zur Luftwaffe, so schien es, das habe ich vom Patron erfahren.

Ich hatte auch noch zu einem anderen Deutschen Kontakt, der zum Arbeiten zu Scheckenbach kam. Das war ein Gastwirt, der ein oder zweimal in der Woche kam. Er hatte ein kleines Restaurant in Heidelberg. Der arbeitete bei uns im Haus, half uns etwas und als Lohn dafür gab ihm der Patron Fleischwaren, womit er sein Restaurant betrieb. Da bin ich auch einmal hingegangen, bin gut empfangen worden. Man hat mir eine Zigarre gegeben.

In der Zeit nach dem Krieg habe ich Kontakt mit dem Metzger gehabt, den Grund nenne ich euch: Der Bruder der Metzgersfrau war Wehrmachtssoldat, er war in Russland gewesen und hat sich dann als Kriegsgefangener in Baccarat befunden, der Stadt, wo ich wohnte. Da bin ich aus Heidelberg benachrichtigt worden, dass dieser Bruder hier Kriegsgefangener war. Ich habe das Kommando gefunden, bewacht von Amerikanern. Ich habe gesagt: Ich kenne diese Person nicht, aber ich kannte seine Verwandten in Deutschland. Sie haben mich sehr gut aufgenommen, ich hatte es sehr, sehr gut bei seinen Verwandten. Da hat der amerikanische Kommandant ihn freigelassen … Ich war nicht für die Deutschen eingestellt, mir war immer bewusst, dass sie mich gestohlen hatten. Ich hatte nichts getan, dass man mich dafür hätte verschleppen können. Ich zeigte es nicht, aber ich liebte die Deutschen nicht. Aber diese Familie war freundlich zu mir, sie waren korrekt. Sie haben mir nichts Böses, sie haben mir Gutes getan."

Friedrichstraße 9:
Katharina Freifrau von Künßberg

Die gemeinnützige Verkaufshilfe des Deutschen Frauenrings, dessen heutiges Domizil in der Friedrichstraße 9 auf diesem Foto[68] zu sehen ist, wurde von einer Frau mitgegründet, die in den Jahren nach dem Ende des Zweiten Weltkrieges vor allem als Kämpferin für die berufliche Gleichstellung der Frau in

68 Bild: Sebastian Klusak, EEB Heidelberg

Erscheinung getreten ist: Katharina Freifrau von Künßberg. Nur wenige wissen etwas von ihren dramatischen Fluchterlebnissen während der Zeit des Nationalsozialismus. Katharina Freifrau von Künßberg wurde 1883 als Katharina Samson in einem jüdischen Elternhaus in Cottbus geboren. Rückblickend schrieb sie:

„Mein Vater hatte einen Sohn erwartet, einen Erben für die Fabrik, die er aufgebaut hatte (...) Und wie ich heranwuchs, wurde alles noch schlimmer. Ich wollte mich nicht in das Schema der höheren Töchter hineinpressen lassen. Mein Vater bemerkte auch, dass ich nicht unbegabt war. So musste ich oft den Vorwurf hören: ‚Schade, dass du kein Junge bist. Du wärst vielleicht ein guter Tuchfabrikant geworden.' Ich versicherte meinem Vater hoch und heilig, ich wolle fleißig lernen und alles versuchen. Aber er blieb dabei: ‚Das ist für ein Mädchen unmöglich.'" [69]

Nach ihrem letzten Schuljahr besuchte Frau von Künßberg auf Wunsch ihrer Eltern eine Hauswirtschaftsschule.

„Es war ein verlorenes Nest an der Ostsee, wo mein Interesse am Haushalt geweckt werden sollte. Ausgerechnet dort geschah das große Wunder: In den Ferien erschienen zwei leibhaftige Pariser Studentinnen von der Sorbonne, um sich zu erholen und gleichzeitig Deutsch zu lernen. Das Temperament, ihre typisch französische Leibhaftigkeit machte mich staunen. Dass es so etwas gab! Sehr bald war ich entschlossen, es ihnen gleichzutun, sich frei zu fühlen wie sie, d. h. zunächst Abitur zu machen und dann zu studieren." [70]

Überraschenderweise stimmten ihre Eltern diesem Plan zu. Im Jahr 1902 machte Frau von Künßberg Abitur in Breslau. Sie studierte Zoologie, Botanik, Geologie und Philosophie und promovierte im Jahr 1908. Ein Jahr später wurde sie Privatassistentin an der Universität München. Sie wechselte ein Jahr später an das Institut für Infektionskrankheiten in Berlin. Im Jahr 1910 heiratete sie

---

69 von Künßberg, K. (1973). Nur ein Mädchen – ach herrje! In Holger, K. Vom langsamen Aufstieg der Frau. Katharina von Künßberg erzählt aus ihrem Leben. Heidelberg: Verlag o. A., S. 10f.

70 von Künßberg, K. (1973). Der deutsche Akademikerinnenbund. In Holger, K. Vom langsamen Aufstieg der Frau. Katharina von Künßberg erzählt aus ihrem Leben. Heidelberg: Verlag o. A., S. 20–33

den Rechtshistoriker Eberhard Freiherr von Künßberg, mit dem sie in Heidelberg lebte und der 1941 an Krebs starb. Sie wohnten in der Blumenthalstraße 2771 in Neuenheim. Auf dem folgenden Foto ist das Haus im heutigen Zustand zu sehen.[72]

71 Autor o. A. (1943). Adreßbuch für die Städte Heidelberg, Wiesloch und Umgebung. Heidelberg: Heidelberger Stadtadreßbuchverlag und Druckerei Dr. Johannes Hörning. Abgerufen am 15.07.2020 von https://digi.ub.uni-heidelberg.de/diglit/AdressbuchHD1943/0075?sid=ee1e0f1d76d546b80884f27440e13122

72 Bild: Sebastian Klusak, EEB Heidelberg

Nachdem ihr Mann gestorben war, war sie nicht mehr durch eine sogenannte Mischehe geschützt. Kurz vor Ostern 1942 erhielt sie den ersten Befehl, sich mit anderen Frauen und Männern, deren Mischehestatus ebenfalls nicht mehr bestand, zur Deportation bereitzuhalten. Zufälligerweise war der älteste Bruder ihres verstorbenen Mannes, Konrad, gerade in Österreich promoviert worden und war bei dieser Gelegenheit Gustav Adolf Scheel begegnet. Scheel, damals Gauleiter von Salzburg, verdankte ihrem Mann die Weiterführung seines Studiums. Scheel hatte nämlich 1930 zu den Anführern der Studentenunruhen gegen den jüdischen Hochschullehrer Emil Julius Gumbel gehört und war deswegen von der Universität mit Disziplinarstrafen belegt worden. Als nach der Machtergreifung diese Strafen aufgehoben werden sollten, saß Rechtshistoriker Freiherr von Künßberg mit in der darüber entscheidenden Kommission. Dieser sprach sich für die Aufhebung auf.

Konrad suchte Scheel auf und bat ihn, sich gegen die Deportation seiner Schwägerin einzusetzen. Scheel griff sogleich zum Telefon, und nach zehn Tagen bangen Wartens erhielt Frau von Künßberg die erlösende Nachricht, dass der Befehl rückgängig gemacht worden war.[73] Von den sechs dann tatsächlich Deportierten überlebte übrigens niemand.[74] Für den 22. August 1942 stand Frau von Künßberg wieder auf einer Liste von Menschen, die nach Theresienstadt zu deportieren waren.[75] Aufgrund einer weiteren Intervention Scheels wurde sie auch diesmal verschont.[76]

Der dritte Versuch begann im Januar 1945 mit einem Brief der Gestapo, in dem sie aufgefordert wurde, ihren Gesundheitszustand im Gesundheitsamt untersuchen zu lassen. Da sie unter Colitis litt, ließ sie sich diese durch einen Arzt bestätigen und wurde vom Gesundheitsamt wieder nach Hause geschickt. Am 13. Februar 1945 wurde sie von dem Chemiker und Nazi-Gegner Professor Karl Freudenberg gewarnt, dass ein erneuter Transport nach Theresienstadt

---

73 Von Kuenssberg, E. (1993). Transplant. Ort o. A. (unveröffentlichtes Manuskript), S. 42 (Kopie im Besitz des Verfassers)

74 Giovannini, N. (2019). Katharina Freifrau von Künßberg. In Ders. (Hrsg.): Stille Helfer. Eine Spurensuche in Heidelberg 1933–1945. Heidelberg: Kurpfälzischer Verlag, S. 316

75 Ebenda

76 Von Kuenssberg, E. (1993). Transplant. Ort o. A. (unveröffentlichtes Manuskript), S. 43 (Kopie im Besitz des Verfassers)

bevorstand (die Untersuchung beim Gesundheitsamt war vielleicht eine Vorbereitung dafür). Eine halbe Stunde später versteckte sie sich im großen Haus der Freudenbergs. Ihre Haushälterin Marieke brachte ihr den Rucksack mit etwas Wäsche und Nahrung, den sie für solche Fälle vorbereitet hatte. In der Dunkelheit der Nacht verließ sie das Haus und floh nach Bad Rappenau, wo sie bei der Schwester Mariekes unterkam, bei der sie niemand suchte. Der Mann dieser Schwester war im Krieg, so dass diese ein Bett frei hatte. Marieke wurde instruiert, bei eventuellen Nachfragen zu erzählen, dass Frau von Künßberg einen Telefonanruf erhalten habe und danach von einem Auto abgeholt worden sei. Im Haus von Mariekes Schwester machte sie sich dadurch nützlich, dass sie Näharbeiten an den Kleidern der Kinder verrichtete und Pilze im Wald sammelte. Wenn sie gefragt wurde, gab sie sich als „Tante Minna" aus, die in Mannheim ausgebombt worden sei. Als sie eines Tages aus dem Wald kam, stand ein Polizist auf der Straße und winkte sie zu sich. Sie erschrak fürchterlich. Es blieb ihr aber nichts anderes übrig, als zu dem Polizisten zu gehen. Der wollte sie aber nur fragen, ob sie ein Mädchen gesehen habe, das aus einem Arbeitslager geflohen sei und eine Samtkappe trage. Sie verneinte. Dieses Mal war alles noch einmal gut gegangen. Ein anderes Mal war es noch gefährlicher: Frau von Künßberg war in die Apotheke gegangen, um Verbandszeug und Vitamin-Tabletten zu kaufen. Sie hatte ein Rezept bei sich, in dem ihr diese Tabletten verschrieben worden waren, und reichte dieses dem Mädchen, das in der Apotheke bediente. Das Mädchen nahm das Rezept und verschwand zum Schrecken von Frau von Künßberg in einem Hinterraum, um ihren Namen und die Adresse aufzuschreiben. Frau von Künßberg ärgerte sich sehr über ihre eigene Unachtsamkeit. Nach einer schlaflosen Nacht nahm sie ihren Rucksack und begab sich – den größten Teil der Strecke zu Fuß – zurück nach Heidelberg. Dort fand sie im Haus eines Freundes, der Hutmacher war, Unterschlupf. Dieser kannte die Freundin eines Gestapo-Mannes und konnte dadurch herausfinden, dass die Deportation aller noch in Heidelberg verbliebenen Juden noch nicht erfolgt war, weil die Gestapo nicht genug Eisenbahnwagen gefunden hatte. Diese wurden alle für die Wehrmacht gebraucht. Der Freund hielt es dennoch für sicherer, dass Frau von Künßberg sich nicht in ihrem eigenen Haus versteckt hielt. In dieser Not erinnerte sie sich an Thérèse, die Frau des jüngsten Bruders ihres verstorbenen Mannes, die in Dornholzhausen, einem Vorort von Bad Homburg (bei Frankfurt), lebte. Also nahm sie wieder ihren Rucksack und fuhr nach Bad Homburg. Damals war Zugfahren eine unsichere Sache. Viele Züge wurden durch alliierte Flugzeuge bombardiert. Es gab keinen Fahrplan mehr, und wenn ein Zug fuhr, geschah dies meist nachts und mit abgedunkelten Fenstern. Thérèse, deren Mann ein überzeugter Nationalsozialist, wegen des Krieges aber nicht zu Hause war, nahm sie herzlich auf. Frau von Künßberg half ihren drei Kindern bei den Schulaufgaben. Kurze Zeit nach ihrer Ankunft sahen die beiden Frauen vom Balkon ihres Hauses, wie die Zugstrecke Frankfurt-Bad Homburg durch einen Bombenangriff alliierter Flugzeuge beschädigt wurde. Als die Amerikaner sich Bad Homburg näherten, hätte Thérèse gerne Frau von Künßberg bei sich behalten, weil dieses Englisch sprach. Diese wollte aber ihre Haushälterin Marieke nicht allein lassen und beschloss, nach Heidelberg zurückzukehren. Inzwischen war die Bahnstrecke Bad Homburg-Frankfurt wieder repariert worden. Frau von Künßberg nahm den ersten Zug nach Frankfurt. Dieser hielt aber kurz vor Frankfurt an einem Bahnhof, weil feindliche Bomber im Anflug waren. Alle Fahrgäste verließen in Panik den Zug. Frau von Künßberg schaffte es, den Schutzraum des Bahnhofs zu erreichen. Dieser war so voll, dass man kaum darin stehen konnte. Die Luft war so schlecht, dass sie vermutete, die Leute hätten hier die ganze Nacht gestanden. Als die Sirenen Entwarnung gaben, rannte Frau von Künßberg wieder die Treppen hinauf. Da erblickte sie voll Verwunderung einen Zug, der nach Heidelberg fahren sollte und fast leer war. Es war Nacht und Vollmond. Am Horizont sah sie eine brennende Stadt und etwas später die ihr vertrauten Berge des Odenwalds. Dann schlief sie ein. Nach einiger Zeit wachte sie voller Schrecken wieder auf: Eigentlich hatte sie den Zug früher verlassen wollen, weil man damals eine Erlaubnis der Behörden brauchte, um von einer Stadt in die andere zu reisen, und diese in den größeren Bahnhöfen auch kontrolliert wurde. In ihrer Verzweiflung warf sie ihre Fahrkarte weg, ging zu dem kontrollierenden Wachposten und sagte, sie habe bei dem Bombenangriff ihre Fahrkarte verloren. Dieser ergriff nur ihre Hand und sagte freundlich zu ihr: „Gute Frau, versuchen Sie in Frieden nach Hause zu kommen." Als sie über die heutige Ernst-Walz-Brücke nach Neuenheim ging, sah sie erneut den Mond in seiner ganzen Fülle über Heidelberg stehen, bemerkte, dass die Stadt unzerstört war, und empfand eine große Liebe zu ihrer Wahlheimat. Zu ihrer Überraschung war auch ihr Haus unversehrt. Ihre Freunde waren nicht begeistert, sie zu sehen. Sie fanden, dass es viel zu gefährlich sei. Sie konnten aber ihre Überzeugung nicht trüben, dass der Krieg nur noch wenige Tage dauern würde. Trotzdem ließ sie sich auf der Straße nicht sehen und absolvierte lange Spaziergänge in den Wäldern. Manchmal hörte sie auch heimlich BBC, also einen sogenannten „Feindsender", was bei Strafe verboten war. Ohne die Stimme von Winston Churchill, dem damaligen englischen Premierminister, der regelmäßig ermutigende Worte zu seinen Landsleuten sprach, hätte sie die lange Zeit nicht durchgehalten, sagte sie später. Damit niemand bemerkte, dass sie das tat, stülpte sie über sich und den Rundfunkempfänger ein großes Federbett. An manchen Abenden nahm sie an den Gesprächskreisen kritisch eingestellter Bürger, der von Erna Fraenkel geleitet wurde, teil, wo sie auch Theodor Heuss und dessen Ehefrau kennenlernte. Alle Teilnehmenden an diesen Diskussionen mussten zweimal an der Wohnung klingeln, um sich erkennen zu geben. Eines Tages, als schon einige Teilnehmer beisammen waren, klingelte es nur einmal. Alle erschraken. Es war aber nur die Unachtsamkeit eines Teilnehmers. Ein andermal stand ein Bekannter von Frau von Künßberg in der Tür und rief: „Sie sind da!" Gemeint waren die amerikanischen Truppen, die am 30. März in Heidelberg einmarschierten. Frau von Künßberg warf sich in seine Arme und rannte dann die Blumenthalstraße entlang bis zur Handschuhsheimer Landstraße, wo sie fünf amerikanischen Soldaten mit einem Maschinengewehr sah.

Das Ehepaar von Künßberg hatte fünf Kinder, die schon mehrere Jahre zuvor nach England auswandern konnten. 1946 folgte Katharina von Künßberg ihren Kindern, kehrte aber ein Jahr später wieder in ihr Haus und zu ihren Freunden nach Heidelberg zurück. Ein damals neues Medikament gegen Colitis hatte ihr neue Lebensenergie gegeben. In Heidelberg engagierte sie sich wieder für die Emanzipation der Frau an, für die sie schon in jungen Jahren eingesetzt hatte.

„Ich setzte alle Kräfte ein, Sinn und Zweck der Frauenbewegung wieder ins rechte Licht zu setzen. Die deutsche Frauenbewegung, die relativ spät auf dem Plan erschien, war ja im Grunde eine idealistische Organisation." [77]

---

77 von Künßberg, K. (1973). Der deutsche Akademikerinnenbund. In Holger, K. Vom langsamen Aufstieg der Frau. Katharina von Künßberg erzählt aus ihrem Leben. Heidelberg: Verlag o. A., S. 20–33

Im Jahr 1947 wurde sie Gründungsmitglied des Deutschen Frauenrings. Dieser gründete damals auch die „gemeinnützige Verkaufshilfe“[78], eine Art Second-Hand-Shop, die heute noch besteht und sich derzeit in der Friedrichstraße 9 befindet. Außerdem war Frau von Künßberg Mitbegründerin der Heidelberger Gruppe des Deutschen Akademikerinnenbundes, Gründerin und Vorsitzende des Heidelberger Deutsch-Amerikanischen Frauenclubs und half bei der Gründung der Schule „Englisches Institut“.[79] Am 27. Oktober 1978 starb Frau von Künßberg in Heidelberg.[80] Das folgende Bild stammt aus dem Besitz ihrer inzwischen verstorbenen Tochter.

78 Ebenda

79 Ebenda

80 Von Kuenssberg, E. (1993). Transplant. Ort o. A. (unveröffentlichtes Manuskript), S. 49–54 (Kopie im Besitz des Verfassers)

Friedrich-Ebert-Anlage 45: *Erich Killinger*

Die Straße, in der das im Folgenden abgebildete[81] Haus steht, hieß früher Leopoldstraße. Das Haus mit der Nummer 45 ist heute ein Seitengebäude des Hölderlingymnasiums. Früher wohnte hier ein Mann, dessen Flucht ihn um die ganze Erde führte: Erich Killinger.

81 Bild: Sebastian Klusak, EEB Heidelberg

Erich Walter Emil Killinger wurde in Schönau, einem kleinen Ort in der Nähe des Wiesentals im Schwarzwald, geboren. Bald nach seiner Geburt zog die Familie nach Heidelberg. Sein Vater, Geheimrat Emil Killinger, stand im Dienst des badischen Großherzogs. Die Familie konnte ein großbürgerliches Leben führen. Erich Killinger ging in Heidelberg auf ein humanistisches Gymnasium, lernte dort Griechisch und Latein[82], eignete sich aber auch gute Kenntnisse in Englisch und Französisch an. Danach studierte er Jura und Nationalökonomie in Heidelberg, am Kings' College in London sowie in Hamburg und Berlin.[83] Der Nationalökonomie-Lehrstuhl in Heidelberg war übrigens erst 1907 eingerichtet und mit Alfred Weber besetzt worden. Bereits mit 20 Jahren, also ein Jahr vor Beginn des Ersten Weltkrieges, trat Erich Killinger in die Marine ein und wurde auf einem zum Schulschiff umgebauten Panzerkreuzer, der bis in die Karibik und nach Südamerika fuhr, in die Seefahrt eingeführt. Dieses Schiff hatte eine Truppe zum Schutz der deutschen Staatsbürger auf Haiti entsandt, da auf diesem Inselstaat gerade eine Revolution stattfand, und den bisherigen haitianischen Präsidenten an Bord genommen. Nachdem das Schiff nach Deutschland zurückgekehrt war, begann Killingers Ausbildung zum Offizier. Das folgende Foto ist kurz nach Beginn seiner Ausbildung entstanden.[84] In den Tagen vor dem Ausbruch des Ersten Weltkrieges schloss der Kommandant seiner Ausbildungsstätte die Schule, schickte die angehenden Offiziere für 30 Tage in den Urlaub, verbot ihnen aber, Deutschland zu verlassen. Doch Killinger brach zusammen mit einem Freund nach Österreich in die Tiroler Berge auf, um dort wandern zu gehen. Zu Kriegsbeginn schickte die Ausbildungsstätte ein Telegramm zu Killingers Familie nach Heidelberg, mit dem Befehl an Erich, sofort zurückzukehren. Seine Mutter sandte ihm daraufhin ein Telegramm zu einem Telegraphenamt in der Nähe seines Urlaubsortes, in dem sie ihn aufforderte, nach Hause zu kommen. Der Bote musste dieses Telegramm vier Stunden den Berg hoch zu der Herberge tragen, wo Killinger und sein Freund gemeldet waren. Doch Killinger hatte Glück: Obwohl er sich mehrere Tage zu spät zum Dienst

82 Erich Walter Killinger (2020). In Wikipedia, die freie Enzyklopädie. Abgerufen am 15.07.2020 von https://de.wikipedia.org/wiki/Erich_Walter_Killinger

83 Messimer, Dwight R. (2016). Eleven Months to Freedom: A German POW's Unlikely Escape from Siberia in 1915. Annapolis: Naval Institute Press, S. 1f.

84 Erich Killinger im April 1914 als Fähnrich zur See. Unbekannter Urheber, gemeinfrei (Wikipedia)

in Flensburg meldete, fragte niemand danach, was der Grund für die Verspätung sei oder wo er die letzten Tage verbracht hatte.[85] Nach Ausbruch des Ersten Weltkrieges wurde er auf ein Schiff kommandiert, das Patrouillenfahrten in der Nord- und Ostsee machte. Erich Killinger wollte aber, wie viele junge Männer zu Beginn des Ersten Weltkrieges, unbedingt kämpfen. Deshalb meldete er sich freiwillig zu den Marinefliegern. Das war damals eine relativ neue Waffengattung. Die Marineflugzeuge waren zu dieser Zeit, wie fast alle Flugzeuge, kleine Doppeldecker mit offenen Kabinen und lauten Motoren. Aber auch als Marineflieger musste Killinger zunächst nur Aufklärungsflüge unternehmen. Während dieser Zeit kam ihm die Idee, Flugzeuge, die vom Wasser aus starteten, durch ein Trägerschiff in die Nähe ihres Einsatzortes zu bringen. Die Flugzeuge sollten dabei vor jedem Einsatz mit einem Kran vom Schiff auf die Wasseroberfläche gesetzt werden. Er konnte auch seine Vorgesetzten von dieser Idee überzeugen. Zusammen mit einem anderen Offizier, Karl von Gorissen, baute er dann ein Schiff zu einem solchen Flugzeugmutterschiff um und wurde damit Ende März 1915 nach Memel an der Ostsee verlegt.[86] Von dort aus starteten die Flugzeuge mit Kampfeinsätzen, und zwar mit einem Flugzeug vom Typ „Rumpler", der auf dem nächsten Foto[87] abgebildet ist. Dabei flogen Killinger und von Gorissen in einer Maschine.

85 Messimer, Dwight R. (2016). Eleven Months to Freedom: A German POW's Unlikely Escape from Siberia in 1915. Annapolis: Naval Institute Press, S. 3f.

86 Erich Walter Killinger (2020). In Wikipedia, die freie Enzyklopädie, abgerufen am 15.07.2020 von https://de.wikipedia.org/wiki/Erich_Walter_Killinger

87 Flugzeugtyp „Rumpler". Bild Franz Fischer, gemeinfrei (Wikipedia)

Am 6. April 1915 flogen Killinger und von Gorissen mit ihrem Flugzeugmutterschiff zu einem Einsatz über Libau, das heute an der lettischen Ostseeküste liegt und damals zu Russland gehörte. Ihr Befehl lautete, ein englisches Unterseeboot zu suchen, das sich im Hafen von Libau versteckt haben sollte. Um den Hafen absuchen zu können, mussten sie zunächst ein russisches Abwehrgeschütz zerstören. Beim Anflug auf dieses Geschütz entdeckten sie, dass im Bahnhof der Stadt gerade Truppen ausgeladen wurden. Killinger und von Gorissen vergaßen das Geschütz und warfen ihre Bomben auf diese Truppen. Das war ein Fehler, denn kurz danach traf das Geschütz das Flugzeug. Der Propeller wurde abgerissen und zog einen der Schwimmer, den es zum Landen brauchte, mit sich. Da weder Killinger noch von Gorissen in Gefangenschaft geraten wollten, steuerten sie das Flugzeug auf die offene See, wo sie es aufsetzen wollten.

„Während des Gleitfluges vernichtete ich schnell meine Geheimtafeln und Signalkarten, steckte die Signalpistole zur mir und band den Gurt mit Leuchtpatronen um den Leib (...) Kurz über Wasser kletterte ich auf den noch heil gebliebenen Schwimmer, um das unvermeidliche Überkopfgehen beim Landen abzuschwächen. Gorissen machte eine musterhafte Landung, und langsam neigte sich die Maschine beim Auslaufen nach vorne über (...) Ich versuchte, möglichst schnell auf die Rückseite des Flugzeugs zu kommen, doch verfing ich mich in den Spanndrähten und schluckte, gerade zu der Zeit, in der es sonst den Morgenkaffee gab, eine gehörige Portion Seewasser. Als ich endlich wieder an die Oberfläche kam, galt mein erster Blick dem Kameraden, und da kam er auch schon in langen Stößen angeschwommen. Ich kletterte auf die Trümmer des Flugzeuges und zog meinen Leidensgefährten nach, der schon ganz erstarrt war." [88]

Russische Soldaten nahmen Killinger und von Gorissen auf offener See gefangen. Von Libau brachte man die beiden über Wilna und Sankt Petersburg ins Lager Omsk und von dort ins Lager Nischne-Udinsk in Sibirien. Der dortige Lagerkommandant unterschlug einen Teil des den Gefangenen zustehenden Lohns. Als Deutsche und Österreicher sich deshalb beim Provinzgouverneur beschwerten, sollten die Deutschen in das noch weiter östlich gelegene Lager Wladiwostock verlegt werden. Bereits seit einiger Zeit hatte sich Killinger mit Fluchtgedanken getragen. An einer Bahnabzweigung bei Charbin in der nördlichen Mandschurei, wo sich die nördliche und die südliche Linie der Eisenbahn trennten, sprangen er und drei Kameraden im September 1914 aus dem Zug.

„Schnell riss ich die beiden Fenster auf, zwängte mich durch die Öffnung; mit der Rechten am Fensterrahmen hängend, zog ich die Knie an, mit der Linken stieß ich ab und ließ mich los. Ich überschlug mich und wurde vom Trittbrett des nächsten Wagens beiseite geschleudert. Eng an den Boden geschmiegt, blieb ich liegen. Ob meine Knochen heil geblieben seien, fühlte ich in der Aufregung nicht. Da – lautes Rufen! Ich blickte empor. Auf der Plattform des gerade vorüberfahrenden Wagens stand ein Kosak. Der hatte mich entdeckt!" [89]

---

88 Killinger, E. (1934). Flucht um die Erde. Berlin: Ullstein, S. 24

89 Killinger, E. (1934). Flucht um die Erde. Berlin: Ullstein, S. 91

Da ihre Flucht wurde bemerkt worden war, rannten die vier Gefangenen, so schnell wie sie konnten. Es hatte aber bereits angefangen, zu schneien. Außerdem befanden sie sich in einem sumpfigen Gebiet. Dies erschwerte ihren Verfolgern die Suche. Sie konnten entkommen. In den ersten Tagen ihrer Flucht schneite es immer mehr. Es wurde so kalt, dass sie das Brot und die Wurst, die sie sich von der Gefangenenration für die Flucht beiseitegeschafft hatten, sowie ihre Füße nur mit ihren Körpern aufwärmen konnten. Da sie kein Wasser hatten, mussten sie Schnee im Mund schmelzen lassen und trinken, was ihre Körper zusätzlich auskühlte. Sie besaßen keine Mäntel, Schals oder Handschuhe.[90] Meistens gingen sie querfeldein, da sie niemandem begegnen wollten. Erst als sie nichts mehr zu essen hatten, suchten sie einzelne Bauernhöfe auf.

„An den Aufruhr, den unser Erscheinen in so einem Gehöft hervorrief, gewöhnten wir uns bald. Das waren nun mal die unvermeidlichen Empfangszeremonien, die wohl in diesem Erdteil dazugehören (...) Nach verschiedenen vergeblichen Versuchen, mit Gebärden unsere Wünsche darzutun, hatten wir bald herausgefunden. dass man zunächst das Vertrauen dieser Leute gewinnen musste, was am schnellsten durch Erregung ihrer Neugier geschah. Wenn Obermaschinist L. seine schon lange verrostete Taschenuhr herauszog, die wir dann interessiert betrachteten, dann reckten sich die Hälse, und jeder schob den anderen nach vorn, um hinter dessen Rücken auch einen Blick auf diesen Zauberapparat zu erhaschen (...) Jetzt schnell die Uhr eingesteckt, denn nun wollten alle anderen auch anfassen, und das musste vermieden werden, denn der erste war doch nun ein Held in den Augen der anderen, und das musste er bleiben. Sollte er doch jetzt von uns dadurch ausgezeichnet werden, dass wir uns gerade in seiner Hütte aufzuwärmen gedachten."[91]

Erich Killinger und seine drei Begleiter konnten in der Mandschurei oft in den Hütten der Bauern übernachten. Diese besaßen einen etwa einen Meter hohen, mit einem Stück Stoff verdeckten Eingang. Das Innere war fensterlos. Der Boden war festgestampft und wies bis auf ein paar Schalen, Töpfe oder Lumpen keine Einrichtung auf. In der Mitte befanden sich zwei kleine Wände

90 Killinger, E. (1934). Flucht um die Erde. Berlin: Ullstein, S. 96

91 Killinger, E. (1934). Flucht um die Erde. Berlin: Ullstein, S. 99f.

aus gebranntem Lehm, zwischen denen ein Feuer brannte, dessen beißender Rauch nur zum Teil durch eine Öffnung in der Decke abzog. Nach mehreren Wochen erreichten die vier Flüchtlinge Mukden, die damalige Hauptstadt der Mandschurei. Im dortigen deutschen Konsulat erfuhren sie, dass ihre Flucht in russischen Zeitungen bekannt gegeben worden war und nach ihnen steckbrieflich gesucht wurde. Sie erhielten Kleidung, Geld und eine Fahrkarte für den Nachtzug nach Tientsin. Im dortigen deutschen Konsulat begegnete man ihnen zunächst mit Misstrauen, weil die Russen in mehreren Zeitungen veröffentlicht hatten, dass sie auf der Flucht erschossen worden seien. Als sie ihre Identität beweisen konnten, stellte man ihnen zwei Offiziere vor, denen ebenfalls die Flucht aus russischer Kriegsgefangenschaft gelungen war.

„Zu meiner großen Freude wurde mir hier auch ein Sohn meiner Vaterstadt, ein Heidelberger, vorgestellt. Seit dem Kriegsausbruch hatte er noch ganz spärliche Nachrichten von Hause erhalten und konnte sich nicht genugtun, nach Heidelberg und gemeinsamen Bekannten zu fragen." [92]

Bei den in Tientsin lebenden Deutschen wurden Killinger und seine Freunde für ein paar Tage aufgenommen. Dank ihrer Pflege waren sie bald so wiederhergestellt, dass sie ihre Reise nach Shanghai fortsetzen konnten. Dies geschah allerdings getrennt, um kein Aufsehen zu erregen. Trotzdem heftete sich ihm in Shanghai schon bald ein russischer Agent an die Fersen. Immerhin war auf Killingers Ergreifung eine Belohnung von umgerechnet 500 Euro ausgesetzt! Wenn er in ein Café oder den deutschen Club ging, wartete dieser Agent stundenlang, bis er wieder herauskam. Außerdem hatte er einen Rikscha-Kuli vor dem Haus des Deutschen aufgestellt, bei dem Killinger wohnte. Damals waren Rikschas noch keine Fahrräder, sondern Lastenkarren, die von Menschen gezogen wurden. Diese Menschen nannte man „Kuli". Der Kuli bot Killinger jedes Mal seine Dienste an, wenn er aus dem Haus kam. In Shanghai gab es damals mehrere Zonen, die ausländischen Regierungen unterstanden. Diese nannte man Konzessionen. Es gab auch eine französische Konzession. Mehrfach versuchte der Agent, Killinger in die französische Konzession zu locken, um ihn

92 Killinger, E. (1934). Flucht um die Erde. Berlin: Ullstein, S. 126

dort festnehmen lassen zu können. Einmal versuchte er dies dadurch, dass er dem Kuli befohlen hatte, ihn ungefragt auf französischen Boden zu bringen. Killinger bemerkte die List aber im letzten Augenblick und verpasste dem Kuli eine Tracht Prügel.[93]

Mehrere Wochen verbrachte Killinger in Shanghai damit, seine weitere Flucht zu planen. Der Landweg über Zentralasien und Persien hätte ungefähr ein halbes Jahr gedauert. Dies erschien ihm zu lange, da er so schnell wie möglich nach Hause wollte, um wieder für Deutschland kämpfen zu können. Der Seeweg über Indien und durch den Suezkanal kam auch nicht in Betracht, da diese von den Engländern kontrolliert wurden. Es blieb also nur der Weg über die USA, das damals noch neutral war, aber der führte über Japan, das damals Deutschland schon den Krieg erklärt hatte. Darüber hinaus war ihm klar, dass er die weitere Flucht ohne seine drei Kameraden durchführen musste.

„Dieses verfluchte Warten! Ich wurde schließlich ganz aufgebracht, wenn jemand wieder von Warten sprach. Wartete ich doch schon drei Wochen in Schanghai, und noch immer war nicht loszusehen, wann sich endlich eine Gelegenheit bieten würde, abzufahren. Ich hielt es nicht mehr aus hier, ich musste fort! Kurz entschlossen nahm ich die neueste Zeitung zur Hand und sagte mir: Der nächste Dampfer, der nach Amerika geht, wird genommen, und wenn er englisch, russisch und japanisch zugleich ist!“ [94]

In der Zeitung fand Killinger tatsächlich einen japanischen Dampfer, der zunächst Japan ansteuerte, dann aber weiter nach San Francisco fuhr. Killinger beschloss, diese Gelegenheit zu nutzen. Er kaufte sich eine Fahrkarte erster Klasse, weil deren Fahrgäste am wenigsten kontrolliert wurden. Außerdem erwarb er einen gefälschten französischen Pass, Anzüge französischer Hersteller, Koffer mit französischen Gepäckaufklebern, französische Briefe, Fotografien, Zeitungen etc. Er lernte Französisch und besorgte sich Kataloge, Geschäftspapiere und Briefbogen des Schweizer Elektrokonzerns Brown, Bovery und Cie., weil er als Repräsentant dieser Firma auftreten wollte. Außerdem überlegte er

93 Killinger, E. (1934). Flucht um die Erde. Berlin: Ullstein, S. 135f.

94 Killinger, E. (1934). Flucht um die Erde. Berlin: Ullstein, S. S. 131

sich einen glaubhaften Lebenslauf. Den russischen Agenten schüttelte er ab, indem er einen Zug nach Nanking bestieg, ihn aber gleich wieder verließ, ohne dass der Agent es bemerkte. Am 1. Januar 1916 konnte er mit dem japanischen Dampfer Shanghai verlassen. Auf dem Schiff suchte er die Bekanntschaft von möglichst vielen Menschen, damit sich diese für ihn einsetzten, falls er Schwierigkeiten bekommen sollte. Doch die Fahrt verlief – abgesehen davon, dass ein japanischer Steward heimlich sein Gepäck durchsuchte – ohne Zwischenfälle. Er gewann sogar beim Bridgespiel 100 Dollar.

„Als wir den ersten japanischen Hafen anliefen, hatte ich an Bord bereits so viele Freundschaften geschlossen, dass ich von mehreren Seiten Einladungen erhielt, eine ‚Party' an Land mitzumachen. Ich schloss mich einer amerikanischen Gesellschaft an, deren Teilnehmer Nagasaki von früheren Reisen her genau kannten. An Land empfing uns ein japanischer Offizier zur Passkontrolle. Da wurde es mir doch etwas ungemütlich. Aber meine Amerikaner hatten ihre Pässe gar nicht mitgebracht, schüttelten dem Offizier die Hand und erklärten, wir seien eine große Gesellschaft und wollten eben nur mal einen Ausflug nach Mogi machen. Anstatt die Pässe zu revidieren, bestellte uns der Offizier Rikschas. Wir fuhren durch herrliche Bambuswälder und aßen in Mogi zu Mittag. Dann tanzten wir und abends ging´s wieder an Bord.“ [95]

Immer wieder musste Erich Killinger kaltblütig reagieren. So handelte er, als das Schiff in Yokohama einen Zwischenstopp einlegte, als angeblicher Repräsentant von Brown Bovery einen Vertrag mit einem japanischen Geschäftsmann über die Lieferung von Maschinen aus, um nicht enttarnt zu werden. Und als ein amerikanischer Passagier, der ebenfalls Repräsentant einer Maschinenfabrik war, ahnte, dass Erich Killingers Identität erfunden war und den Kapitän verständigen lassen wollte, verstellte er ihm den Weg, erzählte ihm seine ganze Geschichte und nahm ihn so für sich ein. Als das Schiff in San Francisco ankam, wäre Erich Killingers Einreise beinahe im letzten Augenblick gescheitert. Er hatte an Bord nämlich ein amerikanisches Ehepaar getroffen, das seine Hochzeitsreise ausgerechnet in die sibirischen Gefangenenlager Russlands gemacht

95 Killinger, E. (1934). Flucht um die Erde. Berlin: Ullstein, S. 147

hatte, und diesem Ehepaar seine wahre Identität offenbart. Dieses Ehepaar plauderte nun bei der Einreise gegenüber amerikanischen Reporter Killingers Geheimnis aus. Dieser behauptete steif und fest, er sei kein Deutscher, hastete von Bord, nahm ein Taxi, wurde aber von den Reportern verfolgt. Es entwickelte sich eine rasante Verfolgungsjagd durch San Francisco, bei der Killinger die hinter ihm fahrenden Reporter aber schließlich dadurch abschüttelte, dass er sich in einen Hauseingang flüchtete und die Reporter den leeren Wagen verfolgen ließ.[96]

Von San Francisco nach New York fuhr Killinger mit dem Zug. Von dort wollte er wieder mit dem Schiff weiterreisen, doch die Engländer hatten direkt nach Kriegsbeginn ein Handelsembargo gegen Deutschland verhängt. Sie patrouillierten zwischen den Shetland-Inseln und Südnorwegen sowie im Kanal bei Dover mit Patrouillenschiffen und hatten Minen gelegt. Jedes Schiff, das diese Blockade passieren wollte, wurde gezwungen, einen englischen Hafen anzulaufen. Dort wurde untersucht, ob es Güter nach Deutschland bringen wollte, und die Mannschaft überprüft. Zu jener Zeit versuchten nämlich Hunderte von jungen Reservisten, die in den USA gelebt hatten, nach Hause zurückzukehren, indem sie sich als Seeleute ausgaben.[97] Entdeckten die Engländer sie, wurden sie zu Kriegsgefangenen. Wenn er sich wieder als Franzose ausgab, würden ihn die Engländer wahrscheinlich nach Frankreich schicken, damit er dort seinen Militärdienst erfülle. Sich als Schweizer Staatsbürger auszugeben, war auch gefährlich, da sich viele Flüchtlinge als Schweizer ausgaben und die Engländer deshalb gerade diese Personengruppe streng kontrollierten. Deshalb beschloss Killinger, sich als Angehöriger der schweizerischen französischsprachigen Bevölkerung auszugeben. Während seiner Schulzeit war er nämlich regelmäßig bei einem Pfarrer in der französischsprachigen Schweiz in den Ferien gewesen und kannte daher diese Region gut. Er gab sich nun als Sohn dieses Pastors aus, der mit 16 Jahren von zu Hause ausgerissen und seither als Seemann in der Welt unterwegs gewesen wäre. Dementsprechend veränderte er auch sein Aussehen:

96 Killinger, E. (1934). Flucht um die Erde. Berlin: Ullstein, S.166ff.

97 Messimer, Dwight R. (2016). Eleven Months to Freedom: A German POW's Unlikely Escape from Siberia in 1915. Annapolis: Naval Institute Press, S. 131

„Ich brachte mir an mehreren Stellen der Finger kleine Verletzungen bei und hielt dann die Hände in Petroleum, in dem vorher rostige Eisenstücke gelegen hatten. Die Finger schwollen natürlich sofort an, und der Rost setzte sich in den Ritzen der Haut fest. Dies Verfahren wirkte vorzüglich. Nach wenigen Tagen schon hatte ich eine richtige Seemannsfaust (…) Auch mein Gebiss passte schlecht zu einem Matrosen. Früher hatte ich einmal durch einen Sturz mit meinem Flugzeug einen Vorderzahn eingebüßt, der mir durch einen goldgefassten Stiftzahn ersetzt worden war. Der musste natürlich entfernt werden. Kurzerhand schlug ich ihn mir aus (…) Haare und Augenbrauen wurden tüchtig mit Fett eingerieben, das zuvor mit Kohlenstaub gemischt war.“ [98]

Das folgende Foto zeigt ein Polizeiauto an der Ecke 70. Straße/Madison Avenue. Es wurde zwischen 1915 und 1920 aufgenommen.[99]

98 Killinger, E. (2010). Die Abenteuer des Ostseefliegers. Wolfenbüttel: Melchior Historischer Verlag, S. 119

99 Unbek. Urheber: Police auto at 70th & Madison [between ca. 1915 and ca. 1920]. Library of Congress, gemeinfrei (Wikipedia)

Um auf einem Schiff anheuern zu können, musste Killinger eine List anwenden: Nachdem er einen Matrosen kennengelernt hatte, der am Folgetag auf einem alten norwegischen Schiff eine Atlantikpassage nach Norwegen beginnen sollte, ließ er diesem so viel Alkohol zukommen, dass er am nächsten Morgen nicht rechtzeitig erwachte. Dann wartete Killinger am nächsten Tag vor dem Heuerbüro (so nennt man eine Stellenvermittlung für Seeleute), bis der Kapitän des betreffenden Schiffes dort erschien, und betrat dieses „rein zufällig" genau zu dem Zeitpunkt, als der Angestellte des Büros dem Kapitän erklärte, dass sich so kurzfristig kein Ersatz finden ließe. Auf dem norwegischen Schiff musste Killinger hart arbeiten und geriet in einen schweren Sturm, bei dem das Schiff beinahe untergegangen wäre. Kurz bevor das Schiff die schottische Küste erreichte, zwangen es Kriegsschiffe, den Hafen von Kirkwall auf den Orkney-Inseln anzulaufen. Dort wurde die Mannschaft, wie Killinger erwartet hatte, peinlich genau überprüft: Die Koje, in der die Seeleute untergebracht waren, wurde durchsucht, die Papiere wurden mit der Lupe studiert und Killinger, der als Letzter drankam, wurde ins Kreuzfeuer genommen. Nachdem er dieses glücklich bestanden hatte und gerade den Raum verlassen wollte, wendet ein Verhöroffizier einen alten Trick an, indem er ihm auf Deutsch nachrief: „Halt, Sie haben etwas vergessen." Killinger lief ruhig weiter.

Norwegen war damals ein neutrales Land. Als sich das Schiff der norwegischen Küste näherte, wusste Killinger, dass er in Sicherheit war. Kurz nachdem es in Skiern in Südnorwegen angelegt hatte, wusch sich Killinger gründlich und zog seinen guten Anzug, seinen Hut und seinen Mantel unter der Matratze der Koje hervor, wo diese während der Überfahrt verstaut gewesen waren. Seine Mitmatrosen staunten nicht schlecht über sein verändertes Aussehen. Auf dem Laufsteg drehte er sich noch einmal um und rief seinen Kameraden zu: „Ich bin kein Franzose, ich bin ein deutscher Offizier!"[100] Doch noch war seine Odyssee nicht zu Ende. In Norwegen gab es viele englische Spione. Einer begann, ihn im Zug auszufragen. Da platzte Killinger der Kragen.

100 Killinger, E. (1934). Flucht um die Erde. Berlin: Ullstein, S. 221

„Ich sagte ihm unverblümt, er solle sich zum Teufel scheren; meine Person ginge ihn gar nichts an, solange er mir nicht schwarz auf weiß vorzeigen könne, dass er beauftragt sei, gerade meine Personalien festzustellen. Überhaupt, wenn er mich noch weiter belästige, würde ich den Bahnhofsvorstand bitten, ihn festnehmen zu lassen.“ [101]

Von Norwegen aus fuhr Killinger per Zug und Fähre durch Dänemark und kam am 6. März 1915 – genau 11 Monate nach seiner Gefangennahme und vier Monate nach seiner Flucht aus Sibirien – mit einer weiteren Fähre in Warnemünde an. Doch auch in Deutschland wollte die Kriminalpolizei ihn zunächst verhaften, weil man ihn für einen russischen Spion hielt. Erst ein Offizier der Fliegerstaffel in Warnemünde konnte ihn eindeutig identifizieren, worauf man ihn freiließ. Erich Killinger war einmal um die ganze Welt geflohen – und zwar als erster[102] deutscher Kriegsgefangener, der über den Pazifik, die USA und den Atlantik nach Hause gelangt war.

Nach seiner Rückkehr wurde Killinger wieder Marineflieger und war bis zum Kriegsende zur Seeflugstation im damals deutsch besetzten Zeebrügge kommandiert. Nach dem Krieg wurde er Vertreter für verschiedene Flugzeugunternehmen und arbeitete u. a. in Ostasien und Madrid. Im Jahr 1925 bereiste er von New York aus über China und Russland die Stationen seiner Flucht. Ab 1929 arbeitete er als Repräsentant für einen englischen Flugzeugmotorhersteller in Berlin, wo er seine Frau Thea Margot Schröder kennenlernte, die er 1930 heiratete. Die beiden bekamen zwei Söhne und eine Tochter.[103] Kurz danach wurde er Direktor der Wirtschaftsgruppe Luftfahrtindustrie im Reichsluftfahrtministerium. Diese Stellung verlor er aber 1933, weil er sich weigerte, der NSDAP beizutreten. Im Jahr 1938 wurde er Reserveoffizier in der Luftwaffe, wurde im August 1939 einberufen, nahm am Polenfeldzug teil, war in Paris stationiert und

101 Killinger, E. (1934). Flucht um die Erde. Berlin: Ullstein, S. 224

102 Messimer, Dwight R. (2016). Eleven Months to Freedom: A German POW's Unlikely Escape from Siberia in 1915. Annapolis: Naval Institute Press, S. 139

103 Messimer, Dwight R. (2016). Eleven Months to Freedom: A German POW's Unlikely Escape from Siberia in 1915. Annapolis: Naval Institute Press, S. 147

wurde 1941 Befehlshaber des „Durchgangslager Luft“ in Oberursel.[104] Dies war ein Verhör- und Durchgangslager vor allem für britische und amerikanische kriegsgefangene Angehörige der Luftwaffe. Die Kriegsgefangenen wurden von speziellen Verhöroffizieren über die Ziele ihrer Missionen, ihre Einheiten, ihre Waffen etc. ausgefragt. Daraus gewannen die Deutschen wertvolle Informationen für ihre eigene Kriegsführung. Das folgende Foto aus dem Privatbesitz seines Sohnes zeigt ihn 1941 im Park des Durchgangslagers in Oberursel zwischen zwei anderen Offizieren.[105]

104 Erich Walter Killinger (2020). In Wikipedia, die freie Enzyklopädie. Abgerufen am 15.07.2020 von https://de.wikipedia.org/wiki/Erich_Walter_Killinger

105 Unbek. Urheber: Erich Killinger 1941 im Durchgangslager Luft. Privatbesitz Thomas Erich Killinger, gemeinfrei (Wikipedia)

In seiner Zeit als Kommandeur führte Killinger eine bereits während des Ersten Weltkriegs angewandte Praxis fort, gefangenen Offizieren unter Aufsicht das Verlassen des Lagers zu erlauben. Der Sicherheitsdienst des Reichsführers SS beschuldigte Killinger daraufhin, die Moral der Wehrmacht zu untergraben. Die zuständige Abteilung des Luftfahrtministeriums sprach Killinger aber frei. Erst nach Kriegsende stellte sich heraus, dass Killinger auch alliierte Kriegsgefangene anderer Waffengattungen, deutsche Deserteure und sogar fünf britische Spione als Luftwaffenangehörige einstufte und in sein Lager aufnahm, um sie vor der Gestapo zu schützen.[106]

Nach dem Krieg arbeitete Killinger als Geschäftsführer der Maschinenfabrik Hatlapa in Uetersen bei Hamburg. 1963 wurde er pensioniert. Er starb am 18. Mai 1977 im Alter von 84 Jahren in Staufenberg bei Baden-Baden.

106 Erich Walter Killinger (2020). In Wikipedia, die freie Enzyklopädie. Abgerufen am 15.07.2020 von https://de.wikipedia.org/wiki/Erich_Walter_Killinger

Zweiter Teil:

Bekannte Verfolgungsschicksale

Hauptstraße 138:
Heidelberger im spanischen Bürgerkrieg

Im Erdgeschoß des Eckhauses Hauptstraße 138/Augustinergasse, wo heute ein Ladengeschäft ist, befand sich 1933 die spanische Weinstube „Bodega“. Hier trafen sich bis 1933 viele Mitglieder der Kommunistischen Partei Deutschlands (KPD). Nach dem Verbot der KPD 1933 flohen viele Kommunisten ins Ausland. Darunter war auch Alfons Müller, der Wirt der „Bodega“. Er gehört zu den acht namentlich bekannten Heidelberger Kommunisten und Sozialisten, die im spanischen Bürgerkrieg auf der Seite der demokratisch gewählten Regierung gegen die rechtsgerichteten Putschisten unter General Francisco Franko kämpften, die in Spanien die Monarchie wiedererrichten wollten und dabei von Deutschland und Italien unterstützt wurden. Alfons Müller, am 20. September 1909 in Heidelberg geboren, war Laborant in der Universitätsklinik, bevor er 1933 entlassen wurde. Er kämpfte von 1936 bis 1939 in Spanien. Als die Republikaner den Bürgerkrieg verloren, floh er mit vielen Mitstreitern über die Grenze nach Frankreich und wurde im Lager Gurs interniert. Nach 1939 verschleppten ihn die Nationalsozialisten in die KZs Dachau, Buchenwald und Natzweiler. Er überlebte.

Literatur: Brändle, B. u. G. (2016). Adelante Libertad. Spanienfreiwillige aus Baden 1936–39. Karlsruhe: Eigenverlag; Brändle, B. u. G. (2016, 18.10.). Die vergessenen Kämpfer aus Heidelberg im spanischen Bürgerkrieg. Rhein-Neckar-Zeitung, S. a. O.

Universitätsplatz, Alte Universität: *Emil Julius Gumbel*

In der Alten Universität fand am 21.1.1931 der Höhepunkt der sogenannten „Gumbelkrawalle" statt. Die Deutsche Studentenschaft – eine Vereinigung rechtsnational eingestellter Studierender – hatte an diesem Tag eine Protestveranstaltung auf dem Universitätsplatz abgehalten und ultimativ die Entlassung von Emil Julius Gumbel, außerordentlicher Professor für Mathematik, aus dem Staatsdienst gefordert. Als die Studierenden den badischen Kultusminister schmähten, räumte die Polizei den Platz und ein großer Teil der Studenten zog sich in die Alte Universität zurück. Sie verbarrikadierten den Ausgang, schickten aber vorher jüdische und links eingestellte Studierende aus dem Gebäude. Einige von ihnen wurden zunächst irrtümlich von der Polizei geschlagen. Nachdem der Rektor in Verhandlungen mit der Polizei einen freien Abzug erreicht hatte, verließen die Studierenden das Gebäude.[107] Gumbel hatte sich 1923 an der Universität Heidelberg habilitiert und wohnte zuerst kurz in der Heugasse 3 (heute Merianstraße 3), ab Sommer 1923 später in der Beethovenstraße 39.[108] Er war den rechten Studierenden ein Dorn im Auge, weil er Pazifist, Jude und politisch links eingestellt war. Schon im Jahr 1926 hatte Gumbel das Buch „Vier Jahre politischer Mord" veröffentlicht, in dem er Folgendes feststellte: Von 1919 bis 1922 gab es 376 politisch motivierte Morde in Deutschland. Davon waren 354 dem rechten Spektrum zuzuordnen und lediglich 22 dem linken. Gumbel und seine Frau emigrierten bereits 1932 nach Paris. Bei der Bücherverbrennung auf dem Universitätsplatz, an die dort eine rote Plakette im Boden erinnert, wurden auch seine Werke verbrannt. Als die Wehrmacht 1940 Frankreich eroberte, floh er in einem in letztem Augenblick gekauften Auto vor den deutschen Truppen nach Südfrankreich. Die Eroberung ging so schnell, dass Gumbel öfter den Gefechtslärm von der Front hörte, die immer weiter südwärts vorrückte. In Südfrankreich gelang es ihm, ein Schiff nach Martinique zu bekommen, von wo

107 Jansen, C. (1981). Der ‚Fall Gumbel' und die Heidelberger Universität 1924–32. Heidelberger Texte zur Mathematikgeschichte. Heidelberg: Universitätsbibliothek Heidelberg, S. 46

108 Dörflinger, G. (2017). Emil Gumbel in Heidelberg – Zeit und Ort. Heidelberger Texte zur Mathematikgeschichte. Heidelberg: Universitätsbibliothek, S. 7

aus er in die USA emigrieren konnte. In den 1950er und 60er Jahren kehrte er zu einigen Gastaufenthalten nach Deutschland zurück. Die gewünschte Wiedereinstellung an der Universität Heidelberg blieb ihm verwehrt.[109]

Literatur: Jansen, C. (1991). Emil Julius Gumbel: Porträt eines Zivilisten. Heidelberg: Verlag das Wunderhorn; Jansen, C. (1981). Der ‚Fall Gumbel' und die Heidelberger Universität 1924–32. Heidelberger Texte zur Mathematikgeschichte. Heidelberg: Universitätsbibliothek Heidelberg

---

109 Emil Julius Gumbel (2020). In Wikipedia, die freie Enzyklopädie. Abgerufen am 15.07.2020 von https://de.wikipedia.org/wiki/Emil_Julius_Gumbel

Große Mantelgasse 22: *Fritz Bauer*

In dem auf diesem Foto[110] abgebildeten Haus wohnte von Oktober 1921 bis Februar 1922 Fritz Bauer, der als Generalstaatsanwalt in Hessen von 1956 bis 1968 an der Aufspürung von Adolf Eichmann und den Prozessen gegen die Wachmannschaften des KZ Auschwitz beteiligt war. Als Jude und überzeugter Sozialdemokrat hatte er selbst vor der Verfolgung durch die Nationalsozialisten ins Ausland fliehen müssen. Der 1903 geborene Bauer kam aus einem gut bürgerlichen jüdischen Elternhaus in Stuttgart direkt nach dem Abitur 1921 (also zur selben Zeit wie Joseph Goebbels) zum Jurastudium nach Heidelberg und wohnte im Sommersemester 1921 in der Gaisbergstraße 8, wahrscheinlich im 2. Stock. Obwohl er bereits als 17-Jähriger der SPD beigetreten war, studierte Bauer in Heidelberg bei keinem der wenigen Hochschullehrer, die für ihr sozialistisches Denken bekannt waren. Er las aber intensiv die Schriften des Rechtsphilosophen und Sozialdemokraten Gustav Radbruch, der von 1904 bis 1914 an der Universität Heidelberg gelehrt hatte, seit 1920 Reichstagsabgeordneter und seit 1921 Reichsjustizminister war.[111] Im Sommersemester 1922 wechselte Bauer für zwei Semester nach München. Einer der Gründe dafür war wahrscheinlich, dass er aus einem Heidelberger Ruderklub ausgeschlossen wurde, weil er Jude war, und der Mitbesitzer seines Kanus daraufhin seinen Anteil daran zurückhaben wollte. Im Sommersemester 1923 setzte er sein Studium in Heidelberg fort und wohnte in der Landfriedstraße 14. Nachdem er sein Studium schließlich in Tübingen beendet und sein

110 Bild: Sebastian Klusak, EEB Heidelberg

111 Wojak, I. (2016). Fritz Bauer 1903-1968. Eine Biografie. München: Beck, S. 91

Rechtsreferendariat in Stuttgart absolviert hatte, promovierte Bauer 1926 in Heidelberg, und zwar mit der bestmöglichen Note „Magna cum laude". Im Jahr 1930 wurde er in Stuttgart Amtsrichter – der damals jüngste in der Weimarer Republik. 1933 wurde er – wie die meisten jüdischen Beamten – aus dem Staatsdienst entlassen. Im selben Jahr wurde er in ein KZ eingeliefert, weil er in Stuttgart einen Generalstreik gegen die drohende Machtergreifung durch die Nationalsozialisten mitorganisiert hatte. Seine Flucht nach Dänemark 1936 und sein Exil in Schweden ab 1943 sind dramatisch. So konnte er nur deshalb fliehen, weil er im KZ in der Schreibstube eingesetzt war, dort seiner eigenen Akte den Reisepass stahl und ihn mit der Gefängnispost zu sich nach Hause schickte. In Dänemark wurde er mehrfach von der Fremdenpolizei verhaftet. Im Jahr 1943 floh er mit der Unterstützung einheimischer Helfer in einem Fischerboot nach Schweden, weil die Deutschen inzwischen Dänemark besetzt hatten und begannen, die jüdische Bevölkerung ins KZ Theresienstadt zu deportieren. Auf der Überfahrt musste der Fischer mehrfach den Motor abstellen, weil deutsche Schiffe in der Nähe patrouillierten. Obwohl er völlig mittellos in Schweden ankam, gelang es ihm, ein Stipendium bei einem sozialwissenschaftlichen Institut[112] zu bekommen und somit seinen Lebensunterhalt zu sichern. Das folgende Foto zeigt den Heidelberger Studierendenausweis von Fritz Bauer.[113]

Literatur: Steinke, R. (2013). Fritz Bauer. Oder: Auschwitz vor Gericht. München; Wojak, I. (2016). Fritz Bauer 1903–1968. Eine Biografie. München: Beck

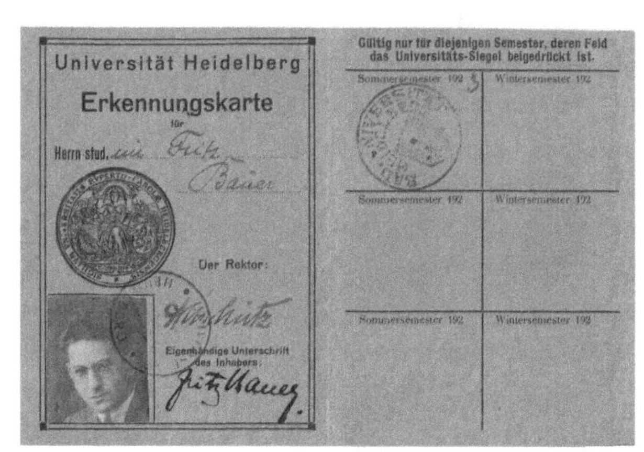

112 Irmtrud Wojak: Fritz Bauer 1903-1968. Eine Biographie. München 2016; Wojak, I. (2016). Fritz Bauer 1903–1968. Eine Biografie. München: Beck, S. 156

113 Bild: Universitätsarchiv Heidelberg

Karlstraße 16:
Hilde Domin

In dem Vorgängerbau des Hauses Karlstraße 16, das auf dem oben abgebildeten Foto[114] zu sehen ist, wohnte von 1930 bis 1932 Hilde Löwenstein, besser bekannt unter ihrem Künstlernahmen Hilde Domin. Die 1909 geborene Tochter eines wohlhabenden jüdischen Rechtsanwalts war 1929 zum Jurastudium

114 Bild: Sebastian Klusak, EEB Heidelberg

nach Heidelberg gekommen, aber bereits nach einem Semester zur Nationalökonomie gewechselt. Ihre erste Studentenbude befand sich in der damaligen Leopoldstraße (heutige Friedrich-Ebert-Anlage Nr. 49) bei der Witwe Georgine Ebermann, von wo sie auf den Peterskirche blickte. Danach hatte sie u. a. in der Hirschgasse 1 auf der anderen Seite des Neckars gewohnt. Dort wohnten viele Studenten. Die Geräusche, die damit verbunden waren, empfand Hilde Domin als störend. Hier in der Karlstraße 16 dagegen war es ruhig. Hilde Domin liebte zudem den wunderschönen, terrassenartig angelegten Garten hinter dem Haus und die Sommerfeste der Besitzerfamilie Nebel, bei denen Mitglieder des städtischen Orchesters zu mitternächtlicher Stunde mit Mozarts kleiner Nachtmusik den Beginn der Theaterferien feierten.[115] Hilde Domin lernte in der Heidelberger Mensa den Archäologiestudenten Erwin Walter Palm kennen, der ebenfalls Jude war und in der Landfriedstraße 14 wohnte. Nach der Rückkehr aus dem Exil bezog sie eine Wohnung im Graimbergweg 5 im 1. Stock, also nicht weit von der Karlstraße 16 entfernt.

Als Archäologiestudent hatte Erwin Walter Palm große Sehnsucht nach dem Süden. Deshalb setzte das Paar 1932 seine Studien in Rom fort. Ab Februar 1934 richtete sich aber auch die italienische Politik gegen Juden: Neu zugewanderten Juden wurde das Recht abgesprochen, die italienische Staatsbürgerschaft zu erwerben. Seit 1936 wurden Juden regelmäßig kontrolliert. Sie mussten daher oft ihre Wohnung schon frühmorgens verlassen, um diesen Kontrollen zu entgehen. Die Rassengesetze von 1938 verlangten die Ausreise aller Juden bis zum 12. März 1939. Deshalb floh das Paar 1939 in letzter Minute aus Italien – das von Mussolini gesetzte Ultimatum für die Ausreise war bereits überschritten. Sie versuchten in die Schweiz zu entkommen, wo ein Onkel Geld und Pässe hatte zurücklegen lassen, wurden aber auch dort zurückgewiesen. Auf bis heute ungeklärte Weise schafften sie es dennoch nach Paris und von dort nach London. Die Stimmung in England war aber ebenfalls gegen Flüchtlinge gerichtet. Außerdem fürchteten Hilde und ihr Mann, dass Deutschland vielleicht bald auch England erobern könnte. Deshalb wollten sie England verlassen. Eines der wenigen Länder, das jüdischen Emigranten damals noch Einreisevisa

115 Tauschwitz, M. (2015). Hilde Domin. Dass ich sein kann, wie ich bin. Springe: zu Klampen Verlag, S. 77

ausstellte, war die Dominikanische Republik. Das Ehepaar Palm buchte eine Schiffspassage auf dem Schiff „Skythia“, das in Liverpool abfahren sollte. Die Ausreise aus England war dramatisch: Während sie sich mit dem Zug Liverpool näherten, bombardierten deutsche Flugzeuge die unmittelbare Umgebung; das Schiff musste zwei Tage im Hafen warten, weil die Möglichkeit bestand, dass es für Verteidigungszwecke konfisziert werden würde; und weil das Seegebiet im Nordatlantik voller deutscher U-Boote war, die Jagd auf englische Schiffe machten, wählte der Kapitän die viel weiter nördlich gelegene Route an Island und Grönland vorbei, auf der im April 1912 die Titanic gesunken war.[116] Das Ehepaar blieb bis 1952 in der Dominikanischen Republik. Ihren Künstlernamen „Domin“ bezog Hilde Palm von diesem Aufenthalt.

Literatur: Tauschwitz, M. (2015). Hilde Domin. Dass ich sein kann, wie ich bin. Springe: zu Klampen Verlag; Scheidle, I. (2006). Nie aufgehört Heidelberg zu lieben. Die Dichterin Hilde Domin (1909–2006). In Dies.: Heidelbergerinnen, die Geschichte schrieben. Frauenporträts aus fünf Jahrhunderten. München: Hugendubel, S. 159–173

116 Tauschwitz, M. (2015). Hilde Domin. Dass ich sein kann, wie ich bin. Springe: zu Klampen Verlag, S. 144

Steingasse 9:
Vinzenz Rose

In diesem Haus[117] wohnte 1935 die siebenköpfige Familie Reinhard, die der Minderheit der Sinti angehörte. Im Jahr 1916 zählte die Polizei 23 Sinti-Familien mit insgesamt 80 Mitgliedern in Heidelberg.[118] Roma und Sinti wurden

117 Bild: Sebastian Klusak, EEB Heidelberg

118 Gress, D., Wachtel, I., Zern, R. (2015). Die Rolle des Vereins „Alt-Heidelberg e. V." im Kontext der Vertreibung, Verschleppung und Deportation der Heidelberger Sinti während der NS-Zeit. Recherche für den Verein Alt-Heidelberg e. V. Ort o. A.: Verlag o. A. Abgerufen am 15.07.2020 von https://www.uni-heidelberg.de/md/zegk/histsem/recherchealtheidelberg.pdf, S. 10

während des Nationalsozialismus genauso verfolgt wie Juden, Kommunisten, homosexuelle Menschen, Zeugen Jehovas oder Gewerkschaftler, Sozialdemokraten und Kirchenvertreter im Widerstand. Sie mussten z. B. eine Kennkarte bei sich tragen, in der der Großbuchstabe „Z“ wie „Zigeuner“ eingestempelt war. Im Zuge dieser Verfolgung bat der NSDAP-Ortsgruppenleiter den Oberbürgermeister Carl Neinhaus am 12. Juni 1935, die Familie Reinhard aus dem Stadtinneren zu entfernen. In einem Brief an Neinhaus schrieb Riehl: „Es gereicht einer Fremdenstadt wie Heidelberg nicht zur Zierde, wenn sich dieses Gesindel am Hauptfremdenverkehrspunkt der Stadt herumtreibt.“[119] Neinhaus ließ das Ansinnen wohlwollend prüfen, fand aber keine Handhabe, die Familie auszuquartieren. Familie Reinhard verließ dieses Haus aber kurze Zeit später aus eigenem Antrieb, weil ihr die Wohnverhältnisse zu beengt waren. Erst ab 1940 kam es zu massenhaften Deportationen deutscher Sinti und Roma nach Polen, wo sie zunächst in Arbeitslagern eingesetzt und später in Konzentrationslager gebracht wurden.[120] Die Gedenktafel, die an die Heidelberger Sinti erinnert, wurde in einer Sinti-Werkstatt in Albersweile hergestellt und 1993 eingeweiht.

Unter den dramatischen und tragischen Einzelschicksalen deutscher Sinti und Roma ragt besonders dasjenige von Vinzenz Rose hervor. Vinzenz Rose wurde 1908 in Oberschlesien geboren. Seine Eltern betrieben in Darmstadt ein Kino, das sie aber schließen mussten, nachdem die Nationalsozialisten sie aus der Reichsfilmkammer, in der u. a. die Kinobetreiber organisiert waren, ausgeschlossen hatten. Danach kaufte die Familie in Frankenthal ein Haus. Vinzenz hatte einen zwei Jahre älteren Bruder namens Oskar. Im Zuge der erwähnten Deportationen sollte die Familie Rose weggebracht werden, floh aber in die Tschechoslowakei. Zwischen 1941 und 1942 tauchten Vinzenz und sein Bruder unter. Im Jahr 1942 konnten sie gefälschte Ausweispapiere besorgen und zu

---

119 Gress, D., Wachtel, I., Zern, R. (2015). Die Rolle des Vereins „Alt-Heidelberg e.V.“ im Kontext der Vertreibung, Verschleppung und Deportation der Heidelberger Sinti während der NS-Zeit. Recherche für den Verein Alt-Heidelberg e.V. Ort o. A.: Verlag o. A. Abgerufen am 15.07.2020 von https://www.uni-heidelberg.de/md/zegk/histsem/recherchealtheidelberg.pdf, S. 11

120 Porajmos (2020). In Wikipedia, die freie Enzyklopädie. Abgerufen am 15.07.2020 von https://de.wikipedia.org/wiki/Porajmos

ihrer Familie, die nun in Schwerin lebte, zurückzukehren. Als die Familie erneut verhaftet werden sollte, verließen die Eltern und Oskar Rose Schwerin, während Vinzenz Rose in einem Hotel von der Gestapo verhaftet wurde. Er kam über Umwege in das Konzentrationslager Auschwitz-Birkenau – dem Konzentrationslager, in dem die meisten sogenannten „Zigeuner" interniert wurden. Seine Eltern kamen im Konzentrationslager um.[121] Auch Vinzenz, der aufgrund von Entkräftung nicht mehr arbeitsfähig war, sollte getötet werden, wurde aber im letzten Augenblick vom Blockältesten vor der Vergasung bewahrt, weil er gut Geige spielen konnte.[122] Aus Auschwitz konnte er eine Botschaft an Oskar schicken. Dieser gab sich aufgrund seines südländischen Aussehens als ausländischer Künstler einer KdF-Unterhaltungstruppe aus und besuchte ihn in Auschwitz (!).[123] Bereits 1943 hatte Oskar Rose versucht, unter falschem Namen zu Kardinal Faulhaber in München vorgelassen zu werden, um ihn zu einem Eingreifen gegen den Völkermord an den Sinti und Roma zu bewegen.[124] Von Auschwitz wurde Vinzenz in das KZ Natzweiler-Struthof verlegt, wo medizinische Experimente an ihm durchgeführt wurden. Danach kam er in das zu Natzweiler-Struthof gehörende Außenlager Neckarelz.[125] Dort mussten er und die anderen Zwangsarbeiter sowie KZ-Häftlinge bei dem gegenüber Neckarelz gelegenen Ort Obrigheim Stollen in die Berge treiben, damit dort Flugzeugmotoren gefertigt werden konnten. Sein Bruder Oskar war inzwischen in Heidelberg untergetaucht, wo er in einem abgelegenen Forsthaus wohnte und zusammen mit einer ebenfalls dort wohnenden Frau die Befreiung Vinzenz' vorbereite. Er gab sich als italienischer Soldat aus, der einem verwundeten Kameraden versprochen habe, Grüße an Vinzenz Rose auszurichten, konnte so zu ihm auf

---

121 Vinzenz Rose (2020). In Wikipedia, die freie Enzyklopädie. Abgerufen am 15.07.2020 von https://de.wikipedia.org/wiki/Vinzenz_Rose

122 Dokumentations- und Kulturzentrum Deutscher Sinti und Roma (Jahr o. A.). Biografie Vinzenz Rose. Abgerufen am 15.07.2020 von http://www.sintiundroma.de/content/downloads/Natzweiler/bio_rose.pdf, S. 1

123 Geigges, A., Wette, Bernhard W. (1979). Zigeuner Heute. Mit einem Vorwort von Eugen Kogon und Grußworten von Yul Brynner u. a. Bornheim-Merten: Lamuv, S. 364

124 Giovannini, N., von Mengersen, O. (2019). Widerstand, Flucht und Rettung. Zur Geschichte der Familie Rose im „Dritten Reich". In Giovannini, N. (Hrsg.) Stille Helfer. Eine Spurensuche in Heidelberg 1933–1945. Heidelberg: Kurpfälzischer Verlag, S. 192

125 Vinzenz Rose (2020). In Wikipedia, die freie Enzyklopädie. Abgerufen am 15.07.2020 von https://de.wikipedia.org/wiki/Vinzenz_Rose

das Gelände des KZ-Außenlagers vordringen (!) und einen Fluchtplan mit ihm besprechen. Gemeinsam konnten sie einen zwangsverpflichteten polnischen Lastwagenfahrer[126], der die Felsbrocken aus den Stollen aus dem Gelände des KZs abtransportiere, zur Mithilfe bewegen. Am 30. August 1944 gelang Vinzenz Rose, versteckt unter dem Fahrersitz dieses LKWs, die Flucht aus dem Lager.[127] Der Lastwagen fuhr so schnell, wie er konnte, den Neckar entlang nach Heidelberg. In dem Forsthaus hatten Oskar und seine Helferin bereits einen Hut, einen Anzug und Schuhe vorbereitet. Danach flohen die Brüder zunächst von Mannheim und München nach Ganghofen in Bayern, wo sie bis Kriegsende im Untergrund lebten. [128] Gemeinsam gründeten sie 1956 den „Verband rassisch Verfolgter nichtjüdischen Glaubens", welcher ein Vorläufer des „Verband der Sinti Deutschlands" war. Vinzenz Rose war der einzige Häftling, dem die Flucht aus dem Lager Neckarelz gelang.[129] Das Aufnahmedatum des nachfolgenden Fotos von Vinzenz Rose[130] ist leider unbekannt.

Vinzenz Rose

126 Autor o. A. (Jahr o. A.) In Oskar Rose. Abgerufen am 15.07.2020 von https://www.gdw-berlin.de/vertiefung/biografien/personenverzeichnis/biografie/view-bio/oskar-rose

127 Dokumentations- und Kulturzentrum Deutscher Sinti und Roma (Jahr o. A.). Biografie Vinzenz Rose. Abgerufen am 15.07.2020 von http://www.sintiundroma.de/content/downloads/Natzweiler/bio_rose.pdf, S. 2

128 Giovannini, N., von Mengersen, O. (2019). Widerstand, Flucht und Rettung. Zur Geschichte der Familie Rose im „Dritten Reich". In Giovannini, N. (Hrsg.) Stille Helfer. Eine Spurensuche in Heidelberg 1933–1945. Heidelberg: Kurpfälzischer Verlag, S. 194

129 Vinzenz Rose (2020). In Wikipedia, die freie Enzyklopädie. Abgerufen am 15.07.2020 von https://de.wikipedia.org/wiki/Vinzenz_Rose

130 Bild: Bezirksmuseum Buchen und Karl Weiß. Gemeinfrei (CC BY-NC-SA)

Klingenteichstraße 6:
Alfred Mombert

Am Haus Klingenteichstraße 6 erinnert eine Gedenktafel an Alfred Mombert, einen Dichter, dessen Werke zu den zu Unrecht vergessenen, lyrischen Schätzen des 20. Jahrhunderts zählen. Mombert studierte in Heidelberg, Leipzig und Berlin Rechtswissenschaften, legte 1896 in Heidelberg sein Staatsexamen ab und wurde im darauffolgenden Jahr – ebenfalls in Heidelberg – promoviert. Zwischen 1899 und 1906 war er als Rechtsanwalt in Heidelberg tätig. 1906 gab er seinen Beruf auf und widmete sich ganz der Schriftstellerei. Im Jahr 1928 wurde er in die Preußische Akademie der Künste aufgenommen, fünf Jahre später schlossen ihn die Nationalsozialisten aufgrund seiner jüdischen Herkunft aus der Akademie aus. Er wohnte von 1911 bis 1922 am Friesenberg 1a und zog dann in die Klingenteichstraße 6 um. Im Oktober 1940 wurde er von dort im Zuge der Wagner-Bürckel-Aktion ins Lager Camp de Gurs in Südfrankreich deportiert, wo er bis April 1941 interniert war. Sein Freund Hans Reinhart erreichte schließlich, dass der schwer Erkrankte mit seiner Schwester im Oktober 1941 in die Schweiz ausreisen durfte, wo er am 8. April 1942 in Winterthur an den Folgen des Lageraufenthalts verstarb. Dort vollendete er sein Werk „Sfaira der Alte“.

Literatur: Weber, U. (1982). Mombert, Alfred. In Badische Biographien. Neue Folge 1. Stuttgart: Kohlhammer, S. 213–215; Fialek, M. (2009). Ein Kosmiker in Heidelberg. Alfred Mombert. Mit bisher unveröffentlichten Texten aus dem Staatsarchiv Moskau. In Heidelberger Geschichtsverein (Hrsg.). Heidelberg. Jahrbuch zur Geschichte der Stadt, S. 165–171

Stiftsweg 2, Kloster Neuburg:
Abt Adalbert von Neipperg OSB

Geboren als das fünfte von sechs Kindern des Grafen Reinhard von Neipperg und dessen Frau Gabriela Gräfin von Waldstein-Wartenberg, wuchs er im Schloss Schwaigern bei Heilbronn auf. Er studierte zunächst Kunstgeschichte in München und trat 1926 in Beuron den Benediktinern bei. Im Jahr 1929 wurde er zum Abt der Benediktinerabtei Neuburg gewählt. Aus unterschiedlichen Gründen, zu denen auch seine Opposition zum Nationalsozialismus gehörte, trat er 1934 zurück und emigrierte aus Deutschland. Nach verschiedenen Stationen als Seelsorger geriet er 1945 in Slowenien in jugoslawische Kriegsgefangenschaft und kam in das Offiziers-Gefangenenlager Werschitz. Obwohl man ihm anbot, das Lager zu verlassen, blieb er dort, weil er den seelsorgerlichen Dienst weiter verrichten wollte. Er wurde dort 1948 ermordet.

Literatur: Pahl OSB, B. (1999). Neipperg, Adalbert Graf von. In Neue Deutsche Biographie (Band 19). Berlin: Duncker & Humblot, S. 50 f.

Schlossberg 16:
Hannah Arendt

An der Stelle, wo sich heute ein unbebautes Grundstück befindet, wohnte von 1928 bis 1932 die Philosophin und Publizistin Hannah Arend. Sie hatte während ihres Studiums in Marburg eine Affäre mit dem wesentlich älteren Philosophieprofessor Martin Heidegger. Anfang 1926 fasste sie den Entschluss, den Studienort zu wechseln, um sich zumindest äußerlich von Heidegger zu lösen. Sie ging zunächst für ein Jahr nach Freiburg und kam dann nach Heidelberg. Hier promovierte sie 1928 bei Karl Jaspers, mit dem sie bis zu dessen Tod freundschaftlich verbunden war. In Heidelberg weitete Arendt ihren Freundeskreis erheblich aus und begann, sich als Jüdin zu begreifen. Über Karlsbad, Genua und Genf emigrierte sie 1933 nach Frankreich und heiratete in Paris 1940 Heinrich Blücher, einen ehemaligen Kommunisten. Bald darauf wurde sie vier Wochen lang im südfranzösischen Lager Gurs interniert. Nach etwa einem Monat gelang ihr die Flucht aus Gurs, indem sie mit anderen Frauen Entlassungsformulare stahl und darauf die Unterschrift des Lagerkommandanten fälschte. Kurz später traf sie in Südfrankreich zufällig auf der Straße ihren Ehemann wieder, den sie aus den Augen verloren hatte. Mit ihm floh sie über Lissabon nach New York.

Literatur: Prinz, A. (2012). Hannah Arendt oder Die Liebe zur Welt. Berlin: Suhrkamp; Young-Bruehl, E. (2004). Hannah Arendt. Leben, Werk und Zeit. Frankfurt: Fischer

Schlossberg 49: *Raymond Klibansky*

In diesem Haus befand sich einst die „Künstlerpension Neuer". Zwischen 1910 und 1915 waren die Dichter Friedrich Gundolf und Stefan George oft hier, häufig sogar gleichzeitig. Gundolf bewohnte meist den nordwestlichen Eckraum im 1. Stock. Seit den 1930er Jahren kamen weniger Gäste, da die Räume ihren Ansprüchen nicht mehr genügten. Ein Gast blieb aber: Raymond Klibansky. Er wohnte hier 1932/1933.[131] Zuvor hatte er auf der anderen Neckarseite gelebt, und zwar erst im Gasthof „Hirschgasse" und dann in der Ziegelhäuser Landstraße 19. Klibansky wurde 1905 in Paris als Sohn eines wohlhabenden orthodoxen jüdischen Weinhändlers geboren. Die Familie zog nach Ausbruch des Ersten Weltkriegs nach Frankfurt. Raymond Klibansky besuchte die Odenwaldschule in Heppenheim und studierte ab 1921 in Heidelberg, Hamburg und Kiel Philosophie, Archäologie und Altphilologie. Philosophie war sein Lieblingsfach. In Heidelberg gehörte er zu den Schülern von Karl Jaspers und lernte so auch Hannah Arendt kennen. Seine besondere Liebe galt dem Werk des Philosophen Nikolaus von Cues (1401–64). Im Jahr 1927 entdeckte er den Kommentar dieses Philosophen zu Proklos Schrift über Platons Dialog Parmenides in der erhaltenen Bibliothek von Nikolaus von Cues in Bernkastel-Kues. Dieser Kommentar ist eine der wichtigsten philosophischen Texte der Spätantike. Zwei Jahre später folgte die Promotion, 1931 die Habilitation an der Universität Heidelberg, gefolgt von einer Privatdozentur. Klibansky war eng mit Friedrich Gundolf befreundet, den er 1928 bei den Marianne Weber (die in der Ziegelhäuser Landstraße 17 ihre berühmten sonntäglichen Gesprächskreise veranstaltete), kennengelernt hatte. Eine Zeitlang sahen sich die beiden Freunde jeden Tag. Als Gundolf 1931 an Krebs starb, war Klibansky schwer erschüttert. Im Jahr 1933 wurde Klibansky wegen seiner jüdischen Herkunft aus dem Universitätsdienst (er hatte zuletzt an der Akademie der Wissenschaften gearbeitet) entfernt. Zuvor hatte er den Fragebogen nach seiner Abstammung,

131 Buselmeier, M. (2003). Literarische Führungen durch Heidelberg: Eine Stadtgeschichte im Gehen. Heidelberg: Verlag das Wunderhorn, S. 212f.

den damals alle Betroffenen ausfüllen sollten, unausgefüllt zurückgesandt. In einem Begleitbrief dazu hatte er geschrieben, dass es wissenschaftlich fragwürdig sei, die Abstammung eines Menschen nur aufgrund der Kenntnis der Konfession von zwei Generationen klären zu wollen. Kurz darauf wurde er in dem Haus am Schlossberg von einem Mann besucht, der vorgab, ihn für die Universität fotografieren zu wollen, aber in Wirklichkeit wohl für die Gestapo arbeitete. Am 1. April 1933 riefen die Nationalsozialisten dazu auf, in ganz Deutschland die Geschäfte jüdischer Mitbürger zu boykottieren. Klibansky erkannte daraufhin, dass er und seine Familienangehörigen fliehen mussten. Er bestellte seine Mutter und seine Schwester zu sich nach Heidelberg und besorgte für sie bei einem hiesigen Arzt ein Attest, demzufolge sie einen Kuraufenthalt im Ausland antreten müssten (sein Vater war zu dieser Zeit bereits zufällig geschäftlich in Italien). Dann ließ er eines der Autos mit Chauffeur kommen, auf die Universitätsangehörige damals Zugriff hatten, und brachte Mutter und Schwester damit zum Bahnhof. Er selbst blieb aber noch bis zum zweiten Todestag von Gundolf in Heidelberg. In der Zwischenzeit überzeugte er die jüdischen Erben der Amy Warburg-Bibliothek in Hamburg, diese bedeutende Büchersammlung, die er während seines Studiums dort kennengelernt hatte, vor dem Zugriff der Nationalsozialisten nach England in Sicherheit zu bringen. Danach versteckte er sich in Bernkastel-Kues, das er von seinen Recherchen über Cusanus gut kannte. Er beantragte in Berlin einen Diplomatenpass mit der Begründung, dass er viele Bücher mit sich führe, deretwegen er wichtige Recherchen im Ausland erledigen müsse, und erhielt diesen sogar. Mit diesem Pass gelangte er mit seinen Büchern unbehelligt über die Grenze nach Holland. Statt von dort schnellst möglichst nach England weiterzureisen, arbeitete er noch einige Zeit in der Bibliothek von Leyen, um einen wissenschaftlichen Aufsatz über die Amy Warburg-Bibliothek zu Ende zu bringen. Erst dann reiste er mit dem Schiff nach London. Als er dort von Bord ging, hatte er noch gerade so viel Geld, um das Taxi zum Hotel bezahlen zu können. In England fand er aufgrund seiner hervorragenden Verbindungen Arbeit am Kings' College der Universität London. Außerdem arbeitete er für den britischen Geheimdienst. Er verhinderte die geplante Bombardierung von Bernkastel-Kues und rettete dadurch die einzigartige Bibliothek des Nikolaus von Cues. Nach dem Krieg setzte er seine akademische Laufbahn fort: 1946 wurde er Professor an der McGill Universität in Montreal, später dann zusätzlich Fellow am Wolfson College in Oxford. Er bewahrte Heidelberg zeitlebens seine Zuneigung.

Literatur: Weber, R. (2010). Raymond Klibansky. In Spalek, John M., Feilchenfeldt, K., Hawrylchak, Sandra H. (Hrsg.) Deutschsprachige Exilliteratur seit 1933. Band 3: USA. Supplement 1. Berlin/New York: De Gruiyter Saur, S. 93–124; Klibansky, R. (2001). Erinnerungen an ein Jahrhundert. Gespräche mit Georges Leroux. Frankfurt/Main und Leipzig: Insel Verlag

Ecke Plöck/Akademiestraße:
Heidelberger Juden in Shanghai

In dem Eckhaus Plöck/Akademiestraße ist heute das Institut für Deutsch als Fremdsprachenphilologie untergebracht. Zwischen 1926 und 1962 war hier das Physikalisch-Chemische Institut der Universität. An diesem Institut studierte zwischen 1935 und 1938 Wilfried Miller. Im Jahr 1916 als Sohn eines jüdischen Arztes in Mannheim geboren, machte er 1935 Abitur und durfte damals schon nicht mehr Medizin studieren – wohl aber Chemie. Während der Reichspogromnacht am 9. November 1938 kam die Gestapo in sein Elternhaus und verhaftete seinen Vater. Miller konnte im letzten Augenblick nach Heidelberg flüchten. Er fuhr mit dem Zug über Basel nach Genua und von dort mit dem Schiff nach Shanghai. Er kehrte 1966 nach Deutschland zurück.

In der Zeit unmittelbar nach 1938 war es „nichtarischen" Deutschen noch gestattet, das Deutsche Reich zu verlassen. Sie konnten aber nur in wenige Länder einreisen. Einer dieser wenigen Zufluchtsorte war Shanghai, das damals in eine chinesische, japanische, britische, französische und US-amerikanische Zone aufgeteilt war. Ab 1938 flohen etwa 17.000 Juden aus dem Deutschen Reich, Polen und anderen von den Deutschen besetzten Ländern nach Shanghai. Die hohe Zahl der Menschen, die auf diese Weise emigrieren konnten, ist in Deutschland noch weitgehend unbekannt. Nachdem die Japaner 1941 die vollständige Kontrolle über Shanghai übernommen hatte, zwangen sie alle Juden, in ein etwa 2,5 Quadratkilometer großes Ghetto im Stadtteil Hongkou umzuziehen. Japan verweigerte sich der Bitte Deutschlands, die Juden entweder auszuliefern oder selbst zu töten. Trotzdem herrschten in dem Ghetto Hunger, Krankheit und Verzweiflung. Am 22. August 1945 zogen die japanischen Truppen ab und das Ghetto wurde aufgelöst. Etwa die Hälfte der Flüchtlinge fand danach Aufnahme in den USA. Mit großem Abstand folgten Israel, Australien, Deutschland und Österreich.

Literatur: Lohfeld, W. und Hochstadt, S. (Jahr o. A.). Die Emigration jüdischer Deutscher und Österreicher nach Shanghai als Verfolgte im Nationalsozialismus. Abgerufen am 15.07.2020 von http://www.exil-archiv.de/grafik/themen/exilstationen/shanghai.pdf; Armbrüster, G., Kohlstruck, M., Mühlberger, S. (Hrsg.) (2000). Exil Shanghai 1938–1947. Jüdisches Leben in der Emigration. Berlin: Hentrich & Hentrich

Ecke Sophienstraße 21/Plöck:
Hellmuth Plessner

Dieses Eckgrundstück wurde 1893/94 von der Universität Heidelberg erworben, um das Zoologische Institut neu zu bauen (dieses war zuvor auf die drei Gebäude Anatomie, Haus zum Riesen und Friedrichsbau verteilt). An diesem Institut studierte Hellmuth Plessner von 1911 bis 1914 (unterbrochen von einem Semester in Berlin) Zoologie. Im Jahr 1926 wurde er außerordentlicher Professor in Köln, dort aber 1933 wegen der jüdischen Herkunft seines Vaters entlassen. Plessner ging zunächst nach Istanbul und dann nach Utrecht, wo er im Untergrund lebte. Plessner entging während dieser Zeit mehrfach nur knapp seiner Verhaftung. So besuchte er eines Tages genau dann eine Gruppe von Studenten in einer Wohnung, als die holländische Polizei dort eine Hausdurchsuchung machte. Plessner stellte sich geistesgegenwärtig als Professor vor, der gekommen sei, um von einem der Studenten ein ausgeliehenes Buch zurückzufordern.[132] Ein anderes Mal ließ er sich von einem Hafenarbeiter in einem Kohlesack von einer unsicher gewordenen Wohnung in einer sichereren Unterkunft schleppen. Plessner war von 1952 bis 1962 Professor für Soziologie in Göttingen. Heute befindet sich in dem Gebäude Ecke Sophienstraße 21/Plöck u. a. eine Rechtsanwaltsgesellschaft.

Literatur: Dejung, C. (2003). Plessner. Ein deutscher Philosoph zwischen Kaiserreich und Bonner Republik. Zürich: Rüffer und Rub Sachbuchverlag.

132 Unveröffentlichte schriftliche Mitteilung von Christoph Dejung an den Verf., 2017

Schwanenteichanlage, Mahnmal für die deportierten jüdischen Mitbürger:
Hans Oppenheimer

Am Morgen des 22. Oktober 1940 mussten die meisten jüdischen Bürger Heidelbergs und dem Landkreis auf Geheiß der Gestapo ihre Habe packen. Um 18:15 Uhr wurden 364 Menschen aus Heidelberg vom Gleis 1a des Hauptbahnhofs per Zug ins Lager Gurs (französische Pyrenäen) deportiert. Dieses Gleis und mit ihm der Hauptbahnhof war bis 1955 dort, wo sich heute die Schwanenteichanlage sowie die westlich und östlich angrenzenden Gebäude befinden. Insgesamt wurden am 22. und 23. Oktober über 6.540 Juden aus dem Saargebiet, der Pfalz und Baden nach Gurs verschleppt. Der Befehl dazu kam von Robert Wagner und Josef Bürckel, den nationalsozialistischen Gauleitern Badens und der Pfalz. Es war die erste Massenverschleppung von deutschem Boden. Obwohl die Deportation öffentlich stattfand, regte sich in Heidelberg kaum Protest. Zu den wenigen, die den jüdischen Mitbürgern halfen, gehörte der Pfarrer der evangelischen Heiliggeistkirche in der Altstadt, Hermann Maas (siehe die Führung über Hermann Maas im vierten Teil dieses Buches). Eine der Deportierten, die damals 18-jährige Miriam Sondheimer, beschreibt den Ablauf der Deportation wie folgt:

„Wir sind noch im Bett. Nur Mutti ist auf. Es ist halb acht. Plötzlich höre ich unbekannte Männerstimmen bei uns im Flur, und dann verstehe ich, was sie vorlesen. ‚Sie haben innerhalb einer Stunde am Bahnhof zu sein. Pro Person sind 50 Kilo Gepäck erlaubt. Verpflegung für vier Tage.' Ich bin ganz erstarrt, springe aus dem Bett und ziehe mich in fliegender Eile an, dicke Wäsche. Unten steht ein Polizist, der niemand raus und rein lässt. Jeder wirft in den Koffer, was er gerade findet."[133]

133 Giovannini, N. (2015, 22.10.). 75 Jahre Deportation nach Gurs: Hunger und Schlamm waren allgegenwärtig. Rhein-Neckar-Zeitung, S. o. A.

Das folgende Bild zeigt die Deportation einer jüdischen Familie aus Kippenheim/Baden.[134]

Unter den Deportierten waren auch Rositta, Leopold und ihre Söhne Hans und Max Oppenheimer. Leopold Oppenheimer war Fabrikant. Die Familie wohnte ursprünglich in der Landhausstraße 21 und war relativ wohlhabend. So beschäftige sie u. a. einen Koch, ein Kindermädchen, fuhr einen „Benz" mit Chauffeur und machte Urlaub in der Schweiz. Beide Brüder besuchten das Kurfürst-Friedrich-Gymnasum (KFG), waren aber keine herausragenden Schüler. Hans war eher still und spielte gerne Hockey im Heidelberger Hockey Club. Die Schulfreunde zogen sich aber nach 1933 mehr und mehr zurück; die Hockey-Mannschaft trat geschlossen der Hitlerjugend bei; einige kamen in Uniform zum Training. Die Eltern nahmen ihn 1935 aus der Schule, weil nicht klar war, ob

134 Bild: Ehemalige Synagoge Kippenheim

jüdische Schüler überhaupt Abitur machen durften (1938 wurden alle jüdischen Schüler aus weiterführenden Schulen entfernt). Hans ging deshalb von 1936 bis 1938 bei dem Schneidereibetrieb Leopold Mayer in der Friedrich-Ebert-Anlage 16 (damals Leopoldstraße 16) zur Lehre. Im Jahr 1936 verließ auch Max das KFG und machte eine Schlosserlehre in Mannheim. Die Familie musste die Wohnung im Juni 1937 zwangsverkaufen und zog in ein Haus auf dem Gelände der Tabakfabrik des Großvaters mütterlicherseits in Wiesloch. Im Jahr 1940 wurden Hans und seine Eltern, wie erwähnt, nach Gurs deportiert. Max war schon 1939 in die Schweiz und von da nach England geflohen.[135]

Das Lager Gurs lag im nicht von den Deutschen besetzten Teil Frankreichs, nahe der spanischen Grenze, und war auf die Aufnahme so vieler Menschen gar nicht vorbereitet. Die etwa 380 Baracken in Gurs waren zunächst unbeheizt. Geschlafen wurde auf Strohsäcken oder dem Boden. Das Essen bestand anfangs meist aus Kaffeeersatz und Rübensuppe. Eine medizinische Versorgung gab es nicht. Der Boden zwischen den Baracken war oft knietief verschlammt. Das folgende Foto zeigt das Lager im Jahr 1939.[136]

135 Max Ludwig Oppenheimer (Jahr o. A.). In Heidelberger Geschichtsverein (Hrsg.) Enzyklopädie. Abgerufen am 15.07.2020 von http://www.s197410804.online.de/Personen/OppenheimerML1919.htm

136 Lager Gurs etwa 1939. Bildquelle unbekannt (Wikipedia)

Gurs war für die meisten Juden nur eine Durchgangsstation. Viele kamen von dort in andere französische Lager. In den französischen Lagern starben 1.750 der aus Südwestdeutschland verschleppten Juden, die meisten aufgrund der schlechten Verhältnisse.

Viele der arbeitsfähigen Insassen des Lagers Gurs mussten in den ersten Jahren Zwangsarbeit leisten. Deshalb kam auch Hans, der bei der Deportation 19 Jahre alt war, von dort aus in eine Fremdarbeiterbrigade und musste ein knappes Jahr im Département Drome Waldarbeiten verrichteten. Im Departement Drome wohnte Hans bei einem Bauern und wurde gut versorgt. Er konnte weiterhin Briefe schreiben, und der Briefwechsel mit seinen Eltern wurde für ihn zu einem großen Halt. Es entspann sich eine Korrespondenz, die erhalten geblieben und sehr ergreifend ist. Hans bewahrte alle Briefe seiner Eltern auf. Er hatte, obwohl er aus Heidelberg kaum etwas mitnehmen durfte, auch seine Fotoalben von seiner Familie und seinem bisherigen Leben mitgebracht. Auch diese gaben ihm Halt. Er überlegte, ob er zu derselben Verwandten in die Schweiz fliehen könne, die schon seinem Bruder Aufnahme gewährt hatte, tat es aber nicht: Er war zu brav. Hans und seine Eltern sahen sich nie wieder. [137] Etwa 40 % der Verschleppten wurden später in die KZs des Ostens (Auschwitz, Lublin-Majdanek, Sobibor) verschleppt und dort ermordet. Darunter war auch Hans. Im Jahr 1942 wurde er ins KZ Auschwitz verlegt. Kurz zuvor ist das folgende Bild von ihm aufgenommen worden. Es ist das letzte Foto von ihm.[138]

137 Giovannini, N., Moraw, F., Rink, C. (2011). Erinnern, Bewahren, Gedenken: Die jüdischen Einwohner Heidelbergs und ihre Angehörigen 1933–1945, Heidelberg: Verlag das Wunderhorn, S. 323ff.

138 Hans Oppenheimer kurz vor seinem 21. Geburtstag in Grane (Frankreich). Foto privat

Im Jahr 1944 wurde er nach Buchenwald verlegt,[139] wo er im März 1945 kurz vor der Befreiung durch die Amerikaner an Entkräftung starb. Sein Vater starb ebenfalls im Konzentrationslager. Seine Mutter konnte jedoch aus dem Lager Noé (Frankreich), wohin sie inzwischen verlegt worden war, nach Heidelberg zurückkehren. Sie wusste noch nicht, dass ihr Sohn gestorben war. Auf dem Weg nach Hause besuchte sie den Bauern, bei dem ihr Sohn gewohnt hatte, und fand dort das Tagebuch von Hans und die Fotoalben. Direkt nach seinem letzten Eintrag schrieb sie folgende Worte:

„Mein liebes Kind. Ich bin hier bei Deinem Patron, und wo ich gehe und stehe, verfolge ich Deine Spuren. Es ist alles ganz anders gekommen, wie Du, mein liebes Kind, Dir so sehnsüchtig wünschtest. Vier volle Jahre sind schon vorüber seit Deiner letzten Eintragung in dieses Büchlein. Vier Jahre des Kummers, der Sorge und des Schmerzes (…) Was ist alles geschehen: Dich, mein Kind, haben sie fortgeführt in noch viel schlimmere Frohn. Deinen lieben Vater haben sie mir genommen und ich irre umher in dem herzlosen, höflichen Frankreich von Ort zu Ort allein, verlassen, ohne Ruhe (…) Ich will zurück und unser altes Heim wieder aufbauen für dich, mein Kind. Du brauchst Ruhe und sorgende Mutterhände (…) Warum sollte gerade ich vor dem Scheiterhaufen verschont geblieben sein?" [140]

Sie kehrte nach Heidelberg zurück. Drei Jahre später kam ihr anderer Sohn Max nach Hause, aber Hans und ihren Mann sah sie nie wieder. Sie leitete nach dem Krieg die hiesige jüdische Gemeinde.[141]

---

139 Hans Bernd Oppenheimer (Jahr o. A.). In Heidelberger Geschichtsverein (Hrsg.) Enzyklopädie. Abgerufen am 15.07.2020 von http://www.s197410804.online.de/Personen/OppenheimerHB.htm

140 Giovannini, N., Moraw, F. (1998). Erinnertes Leben. Autobiographische Texte zur jüdischen Geschichte Heidelbergs. Heidelberg: Verlag Das Wunderhorn, S. 325f.

141 Ebenda, S. 322

Das Mahnmal für die deportierten jüdischen Mitbürger [142] ist im Rahmen eines Schülerwettbewerbs entwickelt worden, den die evangelische Kirche in Heidelberg mit der jüdischen Gemeinde und der Stadt Heidelberg initiiert hatte. Aus insgesamt 50 Entwürfen wählte eine Jury das Modell von Anna-Sophie Weßling, damals Schülerin der Elisabeth-von-Thadden-Schule. Ihr Entwurf war unter der fachkundigen Anleitung ihrer Kunstlehrerin Benita Joswig (1965–2012) entstanden. Weßling entwarf einen Kubus, auf dessen Oberfläche Gleise zu sehen sind. Sie symbolisieren den weiten Weg, über den die Heidelberger Juden aus ihrer Heimat verschleppt wurden. Ein weiterer Entwurf aus diesem Schülerwettbewerb, der von Katharina Jungwirth und Elisa Huyn stammte, wurde in der zentralen Gedenkstätte für die deportierten jüdischen Mitbürger aus Baden in Neckarzimmern realisiert. In dieser Gedenkstätte befinden sich Mahnmale aus den meisten der badischen Städte, von denen 1940 Juden deportiert wurden. Der Entwurf von Weßling wurde von Bildhauer Grégory Boiteux als massiver Block aus Odenwälder Granit umgesetzt. Diese Arbeit wurde durch eine großzügige Förderung der Manfred-Lautenschläger-Stiftung ermöglicht. Vor dem Stein befinden sich Schienen und Gleisschotter. Die Schienen spendete der Mannheimer Stahlbauer Volkmar Kürschner, das Mahnmal-Umfeld wurde von der Dossenheimer Firma Böttinger angelegt. Die Planung stammt von Landschaftsarchitekt Wolfgang Roth. Die Gedenktafel aus Bronze wurde von der Firma Strassacker aus Süßen hergestellt. Die Einweihung des Mahnmals fand am 30. Juli 2014 statt.

Gedenkstein für die nach Gurs deportierten Mitbürger

142 Bild: Sebastian Klusak, EEB Heidelberg

Schwanenteichanlage, Gedenkstein an die Ankunft von Heimatvertriebenen aus Odrau:

Walther Mann

Gedenkstein für die Vertriebenen aus Odrau

Nach Ende des Zweiten Weltkrieges wurden zwischen 12 und 14 Millionen Deutsche aus den östlichen Teilen des Deutschen Reiches sowie aus Ost-, Mittel- und Südosteuropa vertrieben. Die meisten von ihnen flohen nach Deutschland oder wurden dorthin deportiert. Die Vertreibungen waren eine Folge der nationalsozialistischen Gewaltherrschaft, aber auch der Verschiebung der Grenzen in Mittel- und Osteuropa, die die USA, Sowjetunion und Großbritannien auf der Potsdamer Konferenz 1945 festgelegt hatten. In der Tschechoslowakei wurden die ersten Deutschen kurz vor Kriegsende noch von den deutschen Behörden evakuiert, um sie vor den nahenden russischen Truppen in Sicherheit zu bringen. Nach Kriegsende kam es in Böhmen und Mähren vielerorts zu spontanen Vertreibungen und Lynchmorden durch die tschechische Bevölkerung. Von Januar bis Oktober 1946 wurden dann rund 2,5 Millionen Deutsche von der tschechischen Regierung systematisch deportiert.[143] Die Vertreibung geschah unter brutalen Umständen. Viele Menschen mussten ihr Haus binnen weniger Stunden verlassen und wurden in tschechische Internierungslager gebracht. Bei der Ankunft in den Lagern mussten sie den Großteil ihrer Wertsachen abgeben und wurden vielfach misshandelt. Nach einigen Tagen wurden sie mit Zügen nach Deutschland und Österreich abgeschoben. Darunter waren auch rund 10.000 Deutsche aus der Stadt und dem Gerichtsbezirk Odrau aus dem sogenannten „Kuhländchen" in Nordmähren, der Heimat des Dichters Joseph von Eichendorff, des Psychiaters Sigmund Freud und des Evolutionstheoretikers und Augustinerabts Gregor Johann Mendel. Am 30. Juni 1946 traf ein Zug mit 1.200 Deutschen aus Odrau im Heidelberger Hauptbahnhof, der sich einst an der Stelle dieser Grünanlage[144] befand, ein. Die Vertriebenen waren drei Tage lang in 40 Viehwaggons unterwegs gewesen. An die Ankunft in Heidelberg erinnert dieser Gedenkstein[145], der auf Initiative des inzwischen verstorbenen, ebenfalls aus dem Kuhländchen stammenden Prof. Walther Mann (Darmstadt) errichtet und am 2. Juni 2001 von der damaligen Oberbürgermeisterin Beate Weber eingeweiht wurde.[146] Etwa 900 aus Kuhländchen vertriebene Deutsche bekamen nach ihrer Ankunft eine Wohnung im Stadtgebiet zugewiesen, auch wenn diese oft nur aus einem oder zwei Zimmern für eine ganze Familie bestand.[147] In Heidelberg wurden auch die ersten Heimattreffen der Ex-KuhländlerInnen

143 Vertreibung der Deutschen aus der Tschechoslowakei (2019). In Wikipedia, die freie Enzyklopädie. Abgerufen am 15.07.2020 von https://de.wikipedia.org/wiki/Vertreibung_der_Deutschen_aus_der_Tschechoslowakei#Ereignisse_im_Sommer_1945

144 Autor o. A. (2011, 11.07.). In der Not Hilfe gefunden. Stadtblatt Heidelberg Nr. 28/2001, S. o. A.

145 Bild: Sebastian Klusak, EEB Heidelberg

146 Erinnerungsorte (Jahr o. A.). In Verein Alte Heimat – Vereinigung heimattreuer Kuhländler (Hrsg.) www.kuhländchen.de. Abgerufen am 15.07.2020 von https://www.kuhlaendche

147 Mann, W. (2002). Gedenken an die Ankunft der Odrauer 1946 in Heidelberg. In (ders.). Erinnerungen an Odrau II. Erlebnisse in einer kleinen Stadt im Sudetenland vor und nach dem Zweiten Weltkrieg. Darmstadt: Selbstverlag, S. 146

abgehalten. Prof. Walther Mann selbst gehörte auch zu den 1.200 Deutschen, die an jenem Tag in Heidelberg ankamen. Bevor die Russen Odrau einnahmen, hatte seine Mutter mit ihm und seiner Schwester versucht, mit einem Flüchtlingstreck in den Westen zu gelangen, waren dabei aber von der Front eingeholt worden. Kurz darauf wurde der damals 13-jährige Walther Mann von seiner Mutter und seiner Schwester getrennt, konnte sich aber zu seiner Tante und deren zwei Kindern durchschlagen, die zu ihrer Mutter nach Nordböhmen geflüchtet war. Gemeinsam mit ihr schloss er sich einem Flüchtlingstransport an, der ihn wieder nach Odrau bringen sollte. In einem Bericht über diese Flucht schrieb er:

„Wir hatten keine eigene Lokomotive, wurden an Züge angekoppelt, fuhren ein Stück, standen wieder, endlos. Am 18. Juni erreichten wir Prerau, einen wichtigen Bahnknoten, etwa 40 km südlich von Odrau. Tschechische Miliz jagte uns durch einen Bahnhofstunnel zur Gepäckkontrolle. Ich schleppte zwei Koffer meiner Tante. Im Tunnel herrschte eine Art Gegenverkehr: Rechts schleppten wir unsere schweren Koffer, links kamen uns Deutsche mit erleichtertem Gepäck entgegen. Vorne sah ich den Kontrollraum, in dem Tschechen die Koffer durchwühlten und sich nahmen, was ihnen gefiel. Ich fand das unerhört. Ich stellte meine Koffer in die Mitte des Ganges, als ob ich verschnaufen müsste. Als ich mich unbeobachtet meinte, drehte ich mich um, reihte mich in die Reihe der Zurückgehenden ein und schleppte die Koffer ungeöffnet zurück. Ich war stolz, sie gerettet zu haben. An die Gefahr dachte ich kaum. Hätten sie mich bei meinem Fahrbahnwechsel erwischt, sie hätten mich unweigerlich totgeprügelt. Inzwischen hatte die Miliz die Waggons durchsucht und das Handgepäck geplündert. Später wurden wir an einen Zug Richtung Norden gekoppelt und rollten weiter." [148]

Walther Mann kam unbeschadet bei seinen Eltern in Odrau an. Erst 50 Jahre später erfuhr man davon, dass tschechische Milizsoldaten am selben Tag, an dem er im Bahnhof von Prerau gewesen war, 256 Deutsche aus einem dort stehenden Zug geholt und erschossen hatten.

148 Mann, W. (1999). Vor dem Massaker in Prerau. In (ders.). Erinnerungen an Odrau I. Erlebnisse in einer kleinen Stadt im Sudetenland vor und nach dem Zweiten Weltkrieg. Darmstadt: Selbstverlag, S. 75ff.

Dritter Teil:

Führungsvorschlag „Heidelberg im Nationalsozialismus“

Schlossberg 1: *Ursachen des Nationalsozialismus*

Im Gebäude Schlossberg 1, dem Domizil des Polizeipostens Heidelberg-Altstadt, befand sich bis 1945 die Kreisleitung der Nationalsozialistischen Deutschen Arbeiterpartei, abgekürzt NSDAP. Diese Partei hatte bei den Reichstagswahlen 1933 die meisten Stimmen bekommen. Nach den Wahlen überzeugte die NSDAP die Parteien der Mitte, der Regierung, die damals von Adolf Hitler geführt wurde, die absolute Macht zu übertragen. Seitdem war Deutschland eine Diktatur. Alle anderen Parteien außer der NSDAP wurden verboten. Damit wurde sie neben der Regierung das wichtigste Machtzentrum in Deutschland. Die meisten Menschen in Deutschland wurden Mitglied in dieser Partei oder einer ihrer Unterorganisationen. Viele davon freiwillig, andere aus Opportunismus oder Angst, denn wer das nicht tat, galt rasch als politisch zuverlässig und riskierte, beobachtet oder verfolgt zu werden. Die Jugendorganisation der NSDAP, die sogenannte Hitlerjugend (HJ), war in der Theaterstraße 10 – also dort, wo heute das Stadttheater ist – untergebracht. In dem heute noch bestehenden Modegeschäft Heisel in der Hauptstraße 48 konnte man die Uniformen der Hitlerjugend kaufen. Die Anträge für eine Mitgliedschaft in der HJ wurden oft von den Lehrern in der Schule verteilt. Der nationalsozialistische Studentenbund befand sich in der Alten Aula der Universität, die Sturmabteilung (abgekürzt SA, die paramilitärische Kampforganisation) in der Bienenstraße 7, die SS (32. Standarte) in der Handschuhsheimer Landstraße 4 und das NS-Frauenwerk in der Ziegelhäuser Landstraße. Außer der NSDAP gab es in Heidelberg natürlich auch einige staatliche Institutionen, die der Aufrechterhaltung der Macht des Nationalsozialismus dienten. Dazu gehört die Geheime Staatspolizei – abgekürzt Gestapo – in der Bunsenstraße 19a. Sie war für die Bespitzelung und Verhaftung der politischen Gegner verantwortlich. Dazu gehörte auch die Wehrmacht. Die größte Wehrmachtseinheit war das Infanterieregiment 110, dessen Einheiten (außer in Mannheim) seit 1937[149] in der Großdeutschlandkaserne in der Römerstraße (den heutigen Campbell-Baracks) stationiert waren. Das Wehrbezirkskommando, der Standortälteste, das Wehrmeldeamt, die Heeresfachschule und andere Wehrmachtsdienststellen befanden sich in der sogenannten „Stadtkaserne" in der Seminarstraße 2.[150] Zu den staatlichen Dienststellen gehörte ebenfalls die Polizei, deren Präsidium in der Rohrbacher Straße 1 war. Je länger der Krieg dauerte, desto wichtiger wurden vor allem die Unikliniken und anderen Hospitäler, die während des Krieges Lazarette waren und zeitweilig über 20.000[151] verwundete Soldaten gleichzeitig behandelten oder rehabilitierten. Wichtig waren auch der einzige deutsche Teilchenbeschleuniger, der seit 1944 im Kaiser-Wilhelm-Institut für med. Forschung an der heutigen Ernst-Walz-Brücke in Neuenheim stand und wo der Kernphysiker Wilhelm Bothe an den Grundlagen für eine deutsche Atombombe forschte (er arbeitete mit Werner Heisenberg zusammen, der in einem Reaktor in Haigerloch arbeitete) und die ca. 15 Kriegsgefangenenlager (z. B. in der Alten Schule in Kirchheim und im Hotel Haarlaß).[152] Die folgende Abbildung [153]zeigt die Lage einiger der genannten NSDAP-Dienststellen bzw. Behörden im Stadtgebiet von Heidelberg.

---

149 Zeittafel zur Heidelberger Geschichte ab 1933. (Jahr o. A.). In Heidelberger Geschichtsverein (Hrsg.) Enzyklopädie. Abgerufen am 15.07.2020 von http://www.s197410804.online.de/Zeiten/1933.htm

150 Militärische Einrichtungen in Heidelberg (Jahr o. A.). In Heidelberger Geschichtsverein (Hrsg.) Enzyklopädie, abgerufen am 15.07.20 von http://www.s197410804.online.de/ABC/ABCkaserne.htm sowie Standort Heidelberg (Jahr o. A.). In Altenburger, A. (Hrsg.). Lexikon der Wehrmacht. Abgerufen am 15.07.2020 von http://www.lexikon-der-wehrmacht.de/Kasernen/Wehrkreis12/KasernenHeidelberg-R.htm

151 Pieper, W. (1985). Heidelberg zur Stunde Null 1945. Heidelberg: Grubhofer Verlag, S. 68 sowie ebenda, S. 114

152 Lager für Kriegsgefangene und Zwangsarbeiter im Zweiten Weltkrieg (Jahr o. A.). In Heidelberger Geschichtsverein (Hrsg.) Enzyklopädie. Abgerufen am 15.07.2020 von http://www.s197410804.online.de/ABC/ABClager.htm

153 Karte: Claudia Pauli-Magnus auf der Basis des Grieben-Stadtplanes von 1927. Quelle: Landkartenarchiv.de

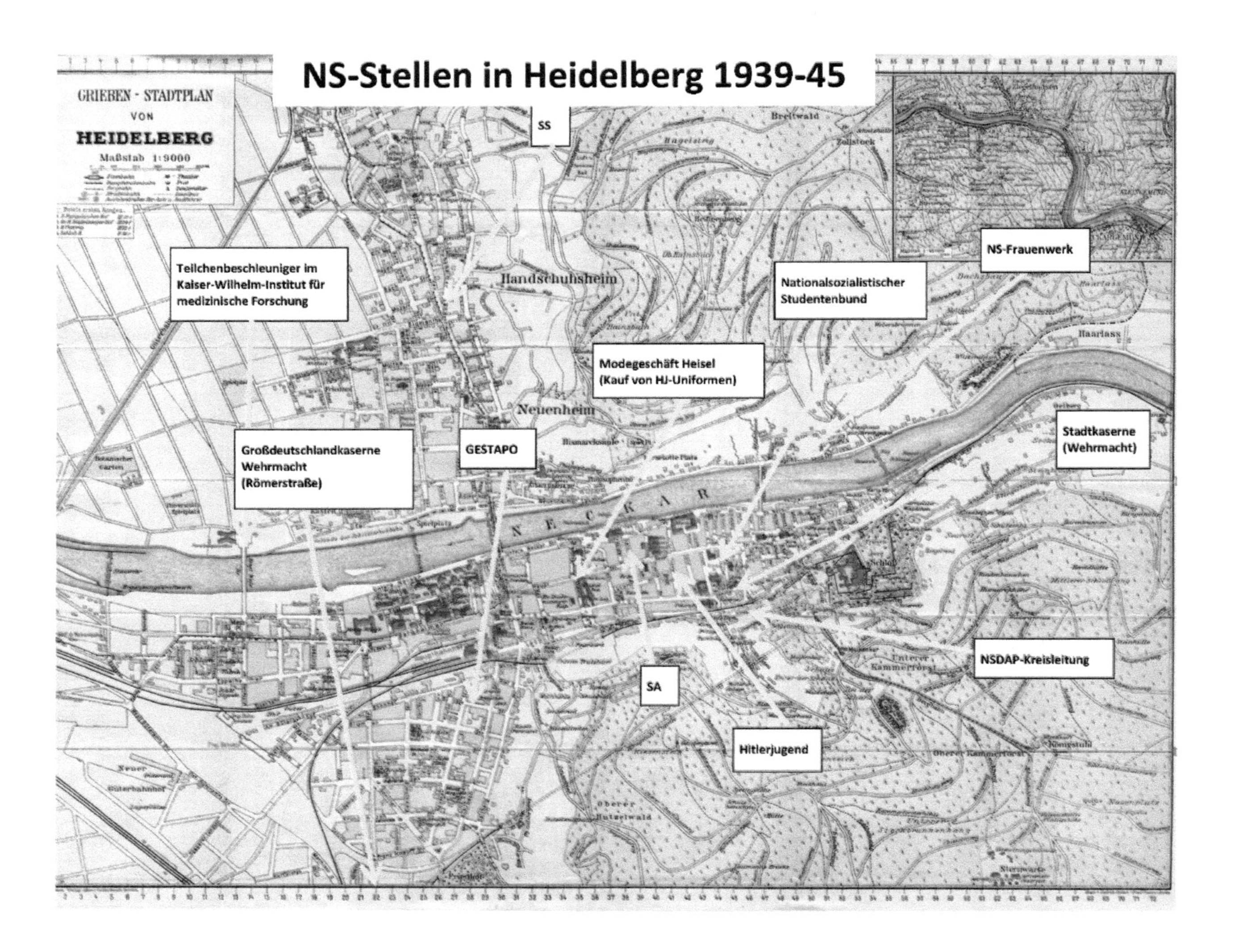

NS-Stellen in Heidelberg 1939-45
GRIEBEN - STADTPLAN
VON
HEIDELBERG
Maßstab 1:9000
SS
Teilchenbeschleuniger im Kaiser-Wilhelm-Institut für medizinische Forschung
Handschuhsheim
Nationalsozialistischer Studentenbund
NS-Frauenwerk
Modegeschäft Heisel (Kauf von HJ-Uniformen)
Neuenheim
Großdeutschlandkaserne Wehrmacht (Römerstraße)
GESTAPO
Stadtkaserne (Wehrmacht)
NECKAR
NSDAP-Kreisleitung
SA
Hitlerjugend

Kreisleiter der NSDAP war Wilhelm Seiler, ein ehemaliger Lehrer. Das hier gezeigte Bild von Seiler stammt aus den Beständen des Stadtarchivs. In den letzten Tagen des Zweiten Weltkriegs zog sich Seiler mit einigen Mitarbeitern in die Villa Schmeil im Schloss-Wolfsbrunnenweg 29 zurück.[154]

Wie kam es, dass die NSDAP in Deutschland die Macht erlangte? Unter den vielen Gründen, die hierfür sprechen, können im Folgenden nur einige genannt werden. Deutschland hatte den Ersten Weltkrieg, den es zusammen mit anderen Staaten angefangen hatte, verloren. Die Konsequenz waren Gebietsverluste, die Reduzierung der Armee und vor allem hohe Reparationszahlungen. Gleichzeitig hatte die Mehrheit des Volkes die Realität des Krieges nicht erlebt, da die Kämpfe nicht auf deutschem Boden stattfanden. Sie wusste nicht, wie schrecklich es ist, wenn man als Soldat um das eigene Leben kämpfen muss oder wenn das eigene Haus von Bomben zerstört ist. Außerdem folgte auf das Ende des Ersten Weltkriegs eine große Weltwirtschaftskrise. Im Februar 1932 erreichte die Krise auf dem Arbeitsmarkt ihren Höhepunkt: Es standen 6.120.000 Arbeitslosen, also 16,3 % der Gesamtbevölkerung, nur 12 Millionen Beschäftigte gegenüber.[155] Viele Menschen hungerten und die Preise stiegen ins Unermessliche (1923 kostete ein Brot ca. 150 Milliarden Reichsmark). Viele Menschen glaubten, dass das neue politische System – also die Demokratie – an alle dem schuld sei. Sie dachten: „Wenn wir noch einen König bzw. Kaiser hätten, ginge es uns jetzt besser“ oder „Wenn wir im Krieg weitergekämpft hätten, statt Frieden

---

154 Pieper, W. (1985). Heidelberg zur Stunde Null 1945. Heidelberg: Grubhofer Verlag, S. 113

155 Weltwirtschaftskrise (2019). In Wikipedia, die freie Enzyklopädie. Abgerufen am 15.07.2020 von https://de.wikipedia.org/wiki/Weltwirtschaftskrise#Arbeitsmarktsituation

zu schließen, müssten die anderen Staaten jetzt uns Geld zahlen statt umgekehrt“ oder „Die jetzigen Politiker sind alle korrupt und kümmern sich nicht um die Bedürfnisse des Volkes“. Sie verachteten das politische System – genau wie es heute viele Populisten tun.

Die rechten Parteien verstärkten diesen Trend, indem sie behaupteten, ihre politischen Gegner seien keine wahren Deutschen. Bei der Verbrennung von Büchern, deren Inhalt sie als undeutsch bezeichneten, im Jahr 1933 riefen die Nationalsozialisten zum Beispiel „Gegen Gesinnungslumperei und politischen Verrat – für Hingabe in Volk und Staat!“ oder „Gegen Verfälschung unserer Geschichte und Herabwürdigung ihrer großen Gestalten – für Ehrfurcht vor unserer Vergangenheit!“. Die rechten und die linken Parteien sprengten die Versammlungen ihrer politischen Gegner, schlugen auf ihre Gegner ein oder ermordeten sie gar.

Die damals junge Generation war besonders rechts. Bei den Wahlen zum ASTA (das ist das Studierenden-Parlament einer Universität) im Sommersemester 1930 erreichte der Nationalsozialistische Deutsche Studentenbund 17 und die Großdeutsche Studentengemeinschaft 12 von 47 Sitzen.[156] Bei den Schülern war es ähnlich.

Dafür gab es sicherlich mehrere Gründe: Erstens war die Arbeitslosigkeit unter jungen Menschen besonders hoch, und die Nationalsozialisten versprachen, viele Arbeitsplätze zu schaffen. Zweitens wollen junge Menschen die Dinge ja oft anders regeln als ihre Eltern, und die Generation der Eltern war es ja gewesen, die den Krieg verloren und für die Einführung der Demokratie demonstriert hatte (auch wenn viele, besonders Bürgerliche, nicht damit einverstanden gewesen waren). Damals war es „in“, rechts zu sein. Rechts zu sein und die Demokratie zu verachten war so modisch wie heute Hollister-T-Shirts oder Spotify.

---

156 Wolgast, E. (2006). Die Studierenden. In: Eckart, W., Sellin, V., Wolgast, E. (Hrsg.). Die Universität Heidelberg im Nationalsozialismus. Berlin: Springer, S. 59

In Heidelberg wählten mehr Menschen die NSDAP als der Durchschnitt des damaligen Deutschen Reiches. So erhielt die NSDAP bei der Reichstagswahl am 20. Mai 1928 im Reich 2,6 %, in Baden 2,9 % und in Heidelberg 4,4 %. Bei der Reichstagswahl am 14. September 1930 erhielt sie im Reich 18,3 %, in Baden 19,2 % und in Heidelberg 30,2 %. Und bei den Reichstagswahlen vom 5. März 1933 bekam sie 43,9 %, in Baden: 45,4 % und in Heidelberg gar 45,8 %.[157] Die Begeisterung wird auch aus den folgenden Bildern deutlich. Sie zeigen die mit roten Hakenkreuzfahnen geschmückte Hauptstraße[158] sowie eine Feier der NSDAP auf dem Heidelberger Universitätsplatz.[159] Hitler war übrigens vier Mal in Heidelberg. Ein weiteres Mal begutachtete er von der Autobahnbrücke in Seckenheim den Fortschritt der Reichsautobahn Heidelberg-Mannheim.[160]

157 Geschichte Heidelbergs (2020). In Wikipedia, die freie Enzyklopädie. Abgerufen am 15.07.2020 von https://de.wikipedia.org/wiki/GeschichteHeidelbergs

158 Bild: Heidelberg-Images (Nr. HR 205). Alle Nutzungsrechte liegen bei Lossen Foto GmbH, Heidelberg

159 Bild: Heidelberg-Images (Nr. HR 208). Alle Nutzungsrechte liegen bei Lossen Foto GmbH

160 Adolf Hitler (Jahr o. A.). In Heidelberger Geschichtsverein (Hrsg.) Enzyklopädie. Abgerufen am 15.07.2020 von http://www.s197410804.online.de/Personen/Hitler.htm

Hauptstrasse mit Hakenkreuzflaggen

Kettengasse 12:
Albert Speer

Der Universitätsplatz bei einer Feierstunde der NSDAP

Wo heute junge Menschen Anglistik studieren können, war in den 1920er Jahren eine Oberrealschule mit Realgymnasium für Jungen untergebracht. Hier machte 1923 einer der wichtigsten Männer des Nationalsozialismus Abitur: Albert Speer. Dieser Mann war der Lieblingsarchitekt Hitlers. Er plante dessen neue Reichskanzlei in Berlin, das Reichsparteitagsgelände in Nürnberg, einige Reichsautobahnen und vor allem den Umbau Berlins zur Welthauptstadt „Germania". Diese hätte (dort, wo jetzt das Bundeskanzleramt steht) eine Halle gehabt, deren Kuppel man noch vom Mond aus sehen sollte. Außerdem war Speer ab 1942 „Reichsminister für Bewaffnung und Kriegsproduktion". Als solcher sorgte er dafür, dass sich die deutsche Rüstungsproduktion trotz der Bombardierungen durch die Alliierten und des Mangels an Rohstoffen bis Kriegsende jährlich vergrößerte. Dadurch trug er entscheidend dazu bei, dass die deutschen Truppen trotz der alliierten Übermacht weiterkämpfen konnten. Hitler bewunderte Speer, weil dieser zwei Eigenschaften hatte, die ihm fehlten: Organisationstalent und große künstlerische Begabung. Speer sagte später:

„Wenn Hitler Freunde gehabt hätte, dann wäre ich bestimmt einer seiner engen Freunde gewesen." [161]

Speer wiederum war von Hitler fasziniert und suchte, wie die beiden folgenden Fotos zeigen, ständig seine Nähe.[162, 163]

161 Speer, A. (2003). Erinnerungen. Berlin: Propylaen-Verlag, S. 517.

162 Hitler, Speer und Arno Breker am 23.6.1940 bei der Besichtigung des eroberten Paris. Bild von Heinrich Hoffmann. National Archives and Records Administration (Washington), gemeinfrei

163 Hitler und Speer 1938 auf dem Obersalzberg. Bild Bundesarchiv Nr. 183-V00555-3, gemeinfrei (CC-BY-SA 3.0)

Speer wurde 1905 als Sohn einer wohlhabenden Familie in Mannheim geboren.[164] Sein Vater war auch Architekt. 1918 zog die Familie in ihr Haus am Schloss-Wolfsbrunnenweg 50. Speer besuchte die Oberrealschule mit Realgymnasium (sie wurde übrigens 1945 in Helmholtz-Gymnasium unbenannt) und zog 1968 in ein neues Domizil in der Heidelberger Südstadt um. Er wurde am 14.03.1919 von Pfarrer Hermann Maas konfirmiert und war Mitglied eines Heidelberger Ruderklubs. Im Sommer 1922 lernte er auf dem Schulweg in die Altstadt die gleichaltrige Margarete Weber (1905–1987) kennen, die aus einer Heidelberger Handwerkerfamilie stammte. Nach dem Abitur 1923 studierte er in Karlsruhe, München und an der Technischen Hochschule Berlin Architektur. An der Technischen Hochschule Berlin wählten etwa zwei Drittel der Studierenden die NSDAP. Fast täglich gab es politische Kundgebungen. Dadurch kam Speer mit den Nationalsozialisten in Kontakt.[165]

Albert Speer baute für den Leiter der Berliner NSDAP-Kreisleitung West und für Joseph Goebbels zwei Häuser zu Parteizentralen um. Goebbels war begeistert und empfahl ihn Hitler. Dieser machte ihn zum Generalbauinspektor für die Reichshauptstadt. Als solcher arbeitete er eng mit Hitler zusammen. Im Jahr 1941 beauftragte ihn Hitler, auch Heidelberg umzubauen. Gegenüber dem Eingang zur Hauptstraße sollte z. B. ein Festspielhaus entstehen, am Neckarufer ein neues großes Rathaus mit Turm. Dazu kam es aber nicht, weil die Kriegsführung alle Ressourcen beanspruchte. Im folgenden Jahr 1942 wurde Speer Rüstungsminister. Als solcher entzog er die Rüstungsproduktion dem Zugriff von Militär und Staatsapparat und übertrug der Industrie mehr Verantwortung. Das machte sie effizienter und steigerte ihren Ausstoß erheblich. Außerdem sorgte er dafür, dass die Bandbreite der Waffentypen reduziert

164 Albert Speer (2020). In Wikipedia, die freie Enzyklopädie. Abgerufen am 15.07.2020 von https://de.wikipedia.org/wiki/Albert_Speer

165 Speer Anfang der 30er Jahre. Bild: Bundesarchiv Bild Nr. 146II-277 (Binder), gemeinfrei (CC-BY-SA 3.0)

und unnötige Details an einzelnen Typen (wie z. B. ein bestimmter Anstrich) reduziert wurden.[166] Auch an der Entwicklung der sogenannten „Wunderwaffen“ wie den reichweitenstarken Raketen V1, V2 und V3 war er beteiligt. Albert Speer errichtete 1929 für seinen Schwiegervater im Hausackerweg 21 in Heidelberg-Schlierbach ein Zweifamilienhaus in neuartiger Bauweise (Fachwerk mit Heraklithplatten).[167] In den letzten Kriegstagen fuhr er mit dem Auto nach Heidelberg, um seine Eltern zu besuchen. In seinem Buch „Erinnerungen“ behauptete er später, er habe bei dieser Gelegenheit eine nächtliche Besprechung mit dem damaligen Oberbürgermeister Neinhaus gehabt. Danach habe er den Oberbefehlshaber der Heeresgruppe „G“, General der Waffen-SS Paul Hausser (derselbe, der Generalrichter Dr. Hans Boetticher nach Heidelberg geschickt hatte), gebeten, Heidelberg kampflos zu übergeben.[168] Ob das stimmt, ist ungewiss. Im Jahr 1946 wurde er in den Nürnberger Prozessen wegen Kriegsverbrechen zu 20 Jahren Gefängnis verurteilt. Speers Ehefrau, die wollte, dass er bereits 1955 begnadigt wurde, bat Pfarrer Hermann Maas, deswegen an die Botschafter der vier Siegermächte zu schreiben, was dieser tat. Maas schrieb darin, Speer sei „nur Künstler und Architekt und kein Politiker“ gewesen.[169] Dazu äußerte Speers Tochter Hilde Schramm später, Maas hätte es besser wissen müssen.[170] Die vorzeitige Entlassung wurde abgelehnt. Als er 1966 aus dem Gefängnis kam, zog Albert Speer in Heidelberg in sein Elternhaus. Er lebte u. a. von den Erlösen seiner Bücher (z. B. den „Erinnerungen“ sowie den Tagebuchaufzeichnungen über seinen Gefängnisaufenthalt), deren Manuskripte er aus dem Gefängnis geschmuggelt hatte, außerdem vom Erlös aus dem Verkauf von Gemälden, die einst jüdischen Mitbürgern gehört und ein Freund von ihm nach Mexiko geschmuggelt hatte. Speer liegt auf dem hiesigen Bergriedhof begraben. Das Haus Schloss-Wolfsbrunnenweg 50 gehört noch

---

166 Vogel, T. (2015, 30.04.) Waffen, Militärtechnik und Rüstungspolitik. In Bundeszentrale für politische Bildung (Hrsg.). Dossier „Der Zweite Weltkrieg“. Abgerufen am 15.07.2020 von https://www.bpb.de/geschichte/deutsche-geschichte/der-zweite-weltkrieg/199407/waffen-militaertechnik-und-ruestungspolitik

167 In: Autor o. A. (1966, 26.09.). Fühlende Brust. In Der Spiegel 40/1966, S. 48

168 Speer, A. (1969). Erinnerungen. Frankfurt/Berlin: Ullstein, 1969, S. 454

169 Geiger, M. (2006). Hermann Maas – Eine Liebe zum Judentum. Ubstadt-Weiher: Verlag Regionalkultur, S. 355ff.

170 Ebenda

immer der Familie. In ihm wohnte bis vor kurzem sein Sohn Ernst (ehemaliger Unternehmensberater). Sein 2017 verstorbener Sohn Albert Speer junior war ebenfalls Architekt.

Albert Speer sorgte dafür, dass viele Kriegsgefangene, KZ-Häftlinge und Juden an seinen Bauprojekten arbeiten oder Rüstungsgüter herstellen mussten und dafür auch ausreichend verpflegt wurden. Einerseits entgingen viele von ihnen dadurch dem sicheren Tod. Andererseits führte das dazu, dass der Krieg verlängert wurde, obwohl er eigentlich schon verloren war, was zum Tod vieler Soldaten und Zivilisten auf beiden Seiten führte.

Albert Speer behauptete während seines Kriegsverbrecherprozesses in Nürnberg, er habe nichts von der massenhaften Vernichtung der Juden gewusst. Einerseits ist dies erwiesenermaßen falsch, da er an den Planungen für mehrere KZs beteiligt war. So legte er für das KZ Groß-Rosen in Schlesien und das KZ Natzweiler-Struthof im Elsass 1940 die Standorte wegen der dortigen Granitvorkommen selbst fest. Er ließ von seinen Mitarbeiten auch Listen über die Juden und Zwangsarbeiter erstellen, die dort u. a. für ihn arbeiten sollten, und war auch bei mindestens einer Besprechung von führenden Nazigrößen über die „Endlösung" der Judenfrage anwesend. Auf der anderen Seite halten ihm manche Historiker zugute, dass er sich durch diese Lüge vor der Todesstrafe bewahren wollte, zu der mehrere andere Kriegsverbrecher in Nürnberg verurteilt worden waren. In einem Brief von Albert Speer an seine Frau vom 22. April 1945, einen Tag vor seinem letzten Treffen mit Hitler, heißt es:

„Meine liebe Gretel, ich freue mich darauf, mit Dir ein neues Leben aufzubauen ... Mein Ziel: Dich und die Kinder durchzubringen, werde ich sicher erreichen. Bis jetzt habe ich noch immer das erreicht, was ich wollte." [171]

Im Jahr 1981 starb Speer nach einem Interview mit der BBC in seinem Hotel in London an den Folgen eines Schlaganfalls.

---

171 Beyer, S. (2005, 31.01.). Vater und Verbrecher. Der Spiegel 5/2005, S. 150.

Universitätsplatz, Alte Universität: *Joseph Goebbels und Gustav Adolf Scheel*

In dem schlauchartigen, langsam aufsteigenden Hörsaal auf der (vom Eingang aus gesehen) linken Frontseite der Alten Universität fanden einige der Vorlesungen des Germanistik-Professors und Dichters Friedrich Gundolf statt. Er war damals in Deutschland sehr bekannt und berühmt, u. a. wegen seiner Forschungen über Goethe. Zu seinen Vorlesungen kamen über 300 Studenten – dabei hatte die Universität damals nur 3.000! Von ihm stammt der Spruch „Dem lebendigen Geist", der über dem Eingang der Neuen Universität steht. Viele Studenten wollten bei Gundolf auch ihre Doktorarbeit schreiben. Darunter war auch Joseph Goebbels. Er kam 1921 nach Heidelberg, besuchte die Vorlesungen Gundolfs und wohnte in der inzwischen abgerissenen Villa Busch (Sofienstraße 2, nordwestliche Ecke des heutigen Kaufhof). Gundolf verwies die meisten seiner potentiellen Doktoranden aber an seinen ebenfalls jüdischen Germanistik-Kollegen Professor Max Freiherr von Waldberg. So schrieb Goebbels bei ihm seine Doktorarbeit. Er wurde am 21. April 1922 promoviert – aber nur mit „rite superato" (ein gutes Ausreichend).

Joseph Goebels stammte aus Rheydt bei Mönchengladbach im Rheinland.[172] Er hatte einen Klumpfuß, war daher gehbehindert und durfte deshalb nicht am Ersten Weltkrieg teilnehmen. Zuvor hatte er in Bonn, Freiburg, Würzburg und München studiert. In dieser Zeit hatte er auch zwei Freundinnen, die eine jüdische Mutter hatten (Else Janke und Anka Stahlherm). Erst nach seinem Aufenthalt in Heidelberg, nämlich 1925, lernte er Adolf Hitler kennen. Ein Jahr darauf wurde er Gauleiter von Berlin und 1933 Reichsminister für Volksaufklärung und Propaganda. Als solcher steuerte er die komplette öffentliche Meinung. Dazu bediente er sich folgender Instrumente:

- Massenveranstaltungen (auch auf der sogenannten Thingstätte in Heidelberg, die er am 20. Juni 1935 persönlich eröffnete)

---

172 Joseph Goebbels (2020). In Wikipedia, die freie Enzyklopädie. Abgerufen am 15.07.2020 von https://de.wikipedia.org/wiki/Joseph_Goebbels

- Verstaatlichung von Rundfunk und Filmproduktion, die mit der Besetzung aller Führungsposten mit Nationalsozialisten einherging
- Verteilung von kostenlosen Radiogeräten an die Bevölkerung („Volksempfänger")
- Einführung der von ihm persönlich zensierten „Wochenschau" (eines wöchentlich erscheinenden Nachrichtenüberblicks, der im Kino gezeigt wurde)
- Reden, die von allen Rundfunkstationen übertragen und dann noch als Leitartikel in den Zeitungen erschienen
- Verbot des Hörens/Empfangens ausländischer Rundfunkstationen und Zeitungen
- Zensur der Briefe, die an die kämpfenden Soldaten gerichtet waren oder von diesen geschrieben wurden

Joseph Goebbels kam auch nach seiner Promotion noch nach Heidelberg: Er sprach 1926 in der „Harmonie" (einem ehemaligen Veranstaltungskomplex mit Theater- und Ballsälen in der Hauptstraße 108, der heute den Supermarkt „Tegut" beherbergt) vor 200 Menschen, kam 1935 wie erwähnt zur Einweihung der Thingstätte sowie 1938 und 1939 (hier wurde er auch Ehrenbürger der Stadt Heidelberg) zur Eröffnung der „Reichsfestspiele" (Vorläufer der Schlossfestspiele); außerdem besuchte er Heidelberg am 8. und 9. Juli 1943.[173]

Im Jahr 1939 hatte Joseph Goebbels die Idee, alle Juden mit einem gelben Stern zu kennzeichnen. Dieser wurde aber erst 1941 eingeführt. Wer ihn trug, wurde oft beleidigt oder ausgegrenzt. Außerdem regte Goebbels bei Hitler an, dass deutsche Juden ab 1941 weniger Lebensmittel und Kleider bekamen, nur bestimmte Busse und Züge benutzen durften, Arbeitsdienste verrichten und große Teile ihres Vermögens dem Staat schenken mussten. Die Fotos zeigen Besucher auf der Thingstätte[174] sowie Josef Goebbels im Jahr 1935.[175]

---

173 Betz, F. U. (2006). Goebbels in Heidelberg. In: Heidelberg. Jahrbuch zur Geschichte der Stadt, herausgegeben vom Heidelberger Geschichtsverein 2006/2007, S. 133–146

174 Bild: Heidelberg-Images (Nr. HR 233). Alle Nutzungsrechte liegen bei Lossen Foto GmbH, Heidelberg

175 Joseph Goebbels bei einem SA-Appell in Berlin 1935. Bild: Bundesarchiv Bild Nr. 102-17049 (Georg Pahl), gemeinfrei (CC-BY-SA 3.0)

Die Thingstätte bei einer Feierstunde der NDAP

In der Alten Aula war auch der Sitz der Heidelberger Hochschulgruppe des Nationalsozialistischen Deutschen Studentenbundes (NSDStB). Das war die Studentenorganisation der NSDAP. Sie wurde ab 1930 von Gustav Adolf Scheel geführt. Der Bund erhielt bei den Wahlen zum ASTA 1933 46,7 % der Stimmen.

Scheel war Sohn eines badischen evangelischen Pfarrers und besuchte humanistische Gymnasien in Freiburg, Tauberbischofsheim und Mannheim. Ab 1928 studierte er an der Ruprecht-Karls-Universität Heidelberg zunächst Rechtswissenschaft, Volkswirtschaft und Theologie, um Pfarrer zu werden. Am 1. Oktober 1930 trat er der SA und am 1. Dezember 1930 der NSDAP (Mitgliedsnummer 391.271) bei. Er zog für kurze Zeit nach Tübingen und begann ein Medizinstudium, das er an der Universität Heidelberg fortsetzte. Nach Heidelberg zurückgekehrt, wurde er rasch zu einem der Hauptpropagandisten der Nationalsozialisten an der Hochschule.

Als Hochschulgruppenführer des Nationalsozialistischen Deutschen Studentenbund leitete er die Kundgebungen des Nationalsozialistischen Deutschen Studentenbunds gegen den Pazifisten Emil Gumbel, die 1932 zum Entzug von dessen Lehrberechtigung führten (s. u.). Vorlesungsboykotte und Demonstrationen gegen Professuren jüdischen Glaubens waren eine Hauptaktivität des

NS-Studentenbundes. Scheel wurde deshalb mit anderen Anführern von der Universität mit Disziplinarstrafen belegt. Als nach der Machtergreifung diese Strafen aufgehoben werden sollten, saß Rechtshistoriker Freiherr von Künßberg mit in der darüber entscheidenden Kommission. Dieser sprach sich für die Aufhebung auf. Scheel setzte sich deshalb 1942 erfolgreich für Katharina Freifrau von Künßberg (die jüdische Frau des 1941 an Krebs gestorbenen Jura-Professors Künßberg) ein, als diese deportiert werden sollte.[176] Im Mai 1933 beteiligte er sich an der Organisation der Bücherverbrennung in Heidelberg und trat dabei auch als Redner auf. Diese fand ganz in der Nähe, nämlich auf dem Universitätsplatz, statt, woran heute eine runde Plakette auf dem Boden des Platzes erinnert. Bei dieser Aktion wurden auch Werke von Emil Julius Gumbel verbrannt. Sie sah so ähnlich aus wie die Verbrennung auf dem Opernplatz in Berlin, die das untere Foto der folgenden Seite zeigt.[177] Am 6. November 1936 wurde Scheel Reichsstudentenführer. Er trat auch dem Sicherheitsdienst (SD) und der SS der NSDAP bei. Als Inspekteur der Sicherheitspolizei für das annektierte Elsass organisierte er die Deportationen der Karlsruher Juden nach Gurs. Am 27. November 1941 wurde er Gauleiter und Reichsstatthalter des Reichsgaus Salzburg. In seinem Testament vom April 1945 bestimmte ihn Hitler zum Reichskulturminister. Im Jahr 1948 wurde er von der Heidelberger Spruchkammer zu fünf Jahren Arbeitslager verurteilt, aber vorzeitig entlassen, weil der Salzburger Erzbischof aussagte, Scheel habe absichtlich den Hitler-Befehl zur Zerstörung Salzburgs nicht befolgt. Er praktizierte dann bis zur Pensionierung in Hamburg als Arzt.[178, 179] Das folgende Bild von Scheel stammt aus dem Jahr 1937.[180]

---

176 Von Kuenssberg, E. (1993). Transplant. Ort o. A. (unveröffentlichtes Manuskript), S. 42 (Kopie im Besitz des Verfassers)

177 Bücherverbrennung auf dem Opernplatz Berlin. Bild Bundesarchiv Nr. 102-14597, gemeinfrei (CC-BY-SA 3.0)

178 Haase, P.T. (2018). Gustav Adolf Scheel: Studentenführer, Gauleiter, Verschwörer. Ein politischer Werdegang, in: Proske, W. (Hrsg.): Täter. Helfer. Trittbrettfahrer, Bd. 8: NS-Belastete aus dem Norden des heutigen Baden-Württemberg. Gerstetten: Kugelberg Verlag, S. 295–325.

179 Gustav Adolf Scheel (Jahr o. A.). In Wikipedia, die freie Enzyklopädie. Abgerufen am 15.07.2020 von http://www.s197410804.online.de/Personen/ScheelGA.htm

180 Bild: Golücke, F. (Hrsg.): Korporationen und Nationalsozialismus. Gesellschaft für deutsche Studentengeschichte. SH-Verlag, o. J. Lizenz: gemeinfrei (Wikipedia)

Alter Synagogenplatz:
Die Reichspogromnacht

Am 7.11.1938 erschoss der 17-jährige polnische Jude Herschel Grynszpan, der 1935 nach Paris zu einem Onkel emigriert war, einen Sekretär der deutschen Botschaft in Paris. Er hatte kurz zuvor erfahren, dass seine Eltern, die in Hannover gewohnt hatten, mit Hunderten von anderen Polen, die in Deutschland gelebt hatten, im Rahmen der sogenannten „Polenaktion" in das Niemandsland zwischen der polnischen und deutschen Grenze deportiert worden waren. Dort ließen sie weder die Polen, die von der Aktion überrascht waren, einreisen noch erlaubten die Deutschen ihnen die Rückreise. Daraufhin kam es in einigen deutschen Städten zu Ausschreitungen gegen Juden. Joseph Goebbels und Adolf Hitler nahmen am Abend des 9. November an einem Abendessen der Parteiführung für verdiente Parteigenossen in München teil. Sie beschlossen, das Attentat so darzustellen, als sei es ein geplantes Verbrechen des internationalen Judentums gegen das deutsche Volk. Goebbels hielt eine Rede an die ebenfalls in München anwesenden Gauleiter und SA-Führer der NSDAP und sagte, dass die Partei Ausschreitungen gegen Juden nicht anordne, aber auch nicht dagegen vorgehen werde. Hitler befahl der Polizei, untätig zu bleiben, wenn Juden angegriffen werden. Daraufhin telefonierten die Parteiführungen mit ihren Ortsverbänden in ganz Deutschland.[181] In seinem Tagebuch notierte Goebbels am 9. November 1938:

„Ich trage dem Führer die Angelegenheit vor. Er bestimmt: Demonstrationen weiterlaufen lassen. Polizei zurückziehen. Die Juden sollen einmal den Volkszorn zu verspüren bekommen. Das ist richtig. Ich gebe gleich entsprechende Anweisungen an Polizei und Partei. Dann rede ich kurz dementsprechend vor der Parteiführerschaft. Stürmischer Beifall. Alles saust gleich an die Telefone. Nun wird das Volk handeln." [182]

---

181 Novemberpogrome (2019). In Wikipedia, die freie Enzyklopädie. Abgerufen am 15.07.2020 von https://de.wikipedia.org/wiki/Novemberpogrome_1938

182 Reuth, R.G. (1992). Joseph Goebbels Tagebücher. Band 3: 1935–1939. München: Piper, S. 1282

Daraufhin machten sich Trupps von zivil gekleideten SA-Leuten und Parteiangehörigen auf den Weg, ausgerüstet mit Stangen, Messern, Dolchen, Revolvern, Äxten, großen Hämmern und Brechstangen. Sie brachen in Synagogen ein, steckten sie in Brand und zerschlugen mit Stangen die Schaufenster jüdischer Läden. Dann brachen sie plündernd und zerstörend in die Geschäfte ein. In gleicher Brutalität gingen Schlägertrupps gegen Juden in deren Wohnungen vor. Sie wurden, sofern nicht geöffnet wurde, gewaltsam aufgebrochen und verwüstet. Vorgefundenes Geld wurde konfisziert, Sparbücher und Wertpapiere wurden mitgenommen. Die Juden wurden misshandelt und gedemütigt, auch die Frauen und Kinder. Insgesamt wurden etwa 400 Menschen ermordet, hinzu kamen Selbsttötungen, ca. 30.000 männliche Juden wurden in KZs eingeliefert. Rund 7.500 Geschäfte und fast alle Synagogen (ca. 1.400) wurden niedergebrannt oder auf andere Weise zerstört. Zum Hohn für die Pogromopfer wurden die Juden in einer am 12. November 1938 erlassenen „Verordnung über die Sühneleistung" auch noch gezwungen, zusätzlich eine „Kontributionszahlung" in Höhe von einer Milliarde Reichsmark zu leisten.

Die Heidelberger Kreisleitung unter Wilhelm Seiler gab den Befehl an die NS-Studentenschaft (in der Alten Aula) weiter, die die Synagoge in der großen Mantelgasse und die anderen Synagogen Heidelbergs anzündeten. Feuerwehr und Polizei wurden von der Studentenschaft und SA-Leuten daran gehindert, einzugreifen.[183] Die NS-Studentenschaft wurde damals aber nicht mehr von Gustav Adolf Scheel geführt, weil dieser seit 1936 Reichsstudentenführer war.

An der Südseite des Platzes befindet sich ein Schild mit den Namen von jüdischen Mitbürgern, die am 22. Januar 1940 – also zwei Jahre nach der Reichspogromnacht – nach Gurs deportiert worden sind. An diesem Tag wurden 6.500 Personen aus 186 badischen, 93 pfälzischen und 17 saarländischen Orten – darunter ungefähr 300 aus Heidelberg – in einer wochenlang geplanten Aktion in neun Sonderzüge gepfercht und nach Frankreich transportiert. Viele wurden später von dort in die Vernichtungslager im Osten gebracht und dort

183 Giovannini, N. (2018, 09.11.). Auch durch Heidelberg fegte eine Orgie der Gewalt. Rhein-Neckar-Zeitung, S. o. A.

ermordet. Ein Mahnmal für diese deportierten Mitbürger befindet sich in der Schwanenteichanlage in Heidelberg-Bergheim (mehr Informationen dazu befindet sich im zweiten Teil dieses Buches in der Geschichte über Hans Oppenheimer).

Alte Brücke:
Das Kriegsende in Heidelberg

In der Mitte der Alten Brücke klaffte ab dem 29. März 1945 eine große Lücke: Sie war um 22 Uhr von deutschen Pionieren gesprengt worden.[184] Einen Tag später marschierten amerikanische Soldaten in Heidelberg ein. War Heidelberg bis dahin wirklich vom Zweiten Weltkrieg verschont gewesen? Was geschah in den Tagen kurz vor und kurz nach dem Einmarsch der Amerikaner? Zu diesen Fragen ist bislang nur wenig bekannt. Deshalb ist ihnen ein eigenes Kapitel gewidmet.

184 Bild: Heidelberg-Images (Nr. H 6-6). Alle Nutzungsrechte liegen bei Lossen Foto GmbH, Heidelberg

Entgegen der Ansicht vieler heutiger Heidelberger war der Zweite Weltkrieg in Heidelberg durchaus zu spüren. Das in Mannheim und Heidelberg stationierte 110. Infanterieregiment, dessen in der Großdeutschlandkaserne in der Römerstraße untergebrachten Einheiten im Straßenbild durchaus präsent[185] waren, nahm im Frühjahr 1940 am Westfeldzug teil.

Es kämpfte u. a. in Licourt und bei Paris[186] und wurde bei seiner Rückkehr am 1. Oktober mit einer großen Militärparade in der Sofienstraße empfangen.[187] Von Juni 1941 bis Februar 1945 kämpfte das Regiment in Russland, nahm u. a. an den Kesselschlachten von Kiew und Brjansk teil und hatte teilweise schwere Verluste. Auch wenn viele Regimentsangehörige nicht aus Heidelberg, sondern aus

185 Bild: Heidelberg-Images (Nr. NHR 167). Alle Nutzungsrechte liegen bei Lossen Foto GmbH, Heidelberg

186 Infanterie-Regiment 110, Grenadier-Regiment 110, Regimentsgruppe 110 (Jahr o. A.). In Robert Balsam (Hrsg.) Deutsche Geschichte 1919–1945. Abgerufen am 15.07.2020 von http://www.balsi.de/Weltkrieg/Einheiten/Heer/Infanterie/Infanterie-Grenadier-Regimenter/110-IR-GR.htm

187 Zeittafel zur Heidelberger Geschichte ab 1933. (Jahr o. A.). In Heidelberger Geschichtsverein (Hrsg.) Enzyklopädie. Abgerufen am 15.07.2020 von http://www.s197410804.online.de/Zeiten/1933.htm

anderen Orten Südwestdeutschlands stammten, machten sich diese Kämpfe durch die Briefe der Soldaten an ihre Familien, die heimgekehrten Verwundeten und die Traueranzeigen für die Gefallenen auch in unserer Region bemerkbar. Dazu kamen vereinzelte Bombenangriffe. Am 29. und 30. April sowie 20. und 30. September 1940 warfen englische Flugzeuge Bomben auf Heidelberg ab. Dabei wurde u. a. die Weststadt 188, die Südseite der Stadthalle und – wie auf dem folgenden Foto zu sehen – ein Haus in der Bienenstraße getroffen.

In den folgenden drei Jahren gab es kaum Bombenangriffe. Allerdings machten sich in diesen Jahren die ca. 15.000 [189] Fremdarbeiter aus Frankreich, Russland, Polen und anderen besetzten Gebieten bemerkbar, die vor allem bei der Stadt und bei Firmen beschäftigt und v. a. in Wieblingen, Pfaffengrund, Handschuhsheim und Neuenheim untergebracht waren. Dazu kam die steigende Zahl von

188 Hagen, S., Kreutz, J., Müller, B. (2014). Unsere Schicksalsjahre 1944/45. Heidelberg: Eigenverlag Rhein-Neckar-Kreis, S. 12

189 Habersack, A. (2013). Fremdarbeiter in Heidelberg während des Zweiten Weltkrieges. Ubstadt-Weiher: Verlag Regionalkultur, S. 27

Verwundeten. In Universitätskliniken, anderen Krankenhäusern, vielen Schulen, Hotels und anderen Einrichtungen wurden mehrere Tausend Verwundete behandelt und rehabilitiert. Sie kamen meist mit großen Lazarettzügen am Heidelberger Hauptbahnhof, der sich damals am Adenauerplatz befand, an. Die gehfähigen unter ihnen mit ihren Verbänden, Krücken und anderen Hilfsmitteln prägten ebenfalls das Straßenbild. Auf den Dächern vieler Lazarette und Züge waren riesige rote Kreuze auf weißem Grund aufgemalt, damit diese nicht bombardiert wurden.

Im Februar 1943 wurden bereits die Schüler der 6. und 7. Klasse der Heidelberger Gymnasien als Flakhelfer eingezogen. Sie erhielten oft in ihren Stellungen Unterricht.[190] Im Jahr 1944 gab es wieder vereinzelte Bombenangriffe. So wurden in der Nacht vom 24. auf den 25. April 1944 bei einem Brandbombenabwurf über Neuenheim ein Klassenzimmer der Mönchhofschule, ein Haus Ecke Quinckestraße/Mönchhofstraße und mehrere Fenster der St.-Raphael-Kirche in der Werderstraße zerstört. Ein weiterer Angriff in der Nacht vom 12. auf den 13. September 1944 ließ in der Christuskirche (Weststadt) 30 kleinere Scheiben bersten. Ein Lehrer am Kurfürst-Friedrich-Gymnasium ging trotz eines Fliegeralarms mit seinen Schülern zum Philosophenweg und ließ diese dort griechische Texte übersetzen, während unter ihnen die Tiefflieger durch das Neckartal flogen.[191] Im Verlauf des Jahres 1944 galten aber die meisten Angriffe Mannheim, das während des Zweiten Weltkrieges fast vollständig zerstört wurde. Trotzdem berichtet eine Zeitzeugin, dass sie sich 1944 als 10-jähriges Mädchen durch einen Sprung von der fahrenden Straßenbahn rettete, als Jagdbomber die Bahn in der Nähe des damaligen Güterbahnhofs (südwestlich des heutigen Hauptbahnhofs) angriffen.[192] Jagdbomber warfen nicht nur Bomben ab, sondern schossen mit ihren Maschinengewehren auch auf Menschen, oft absichtlich auch auf Zivilisten. Auch wenn es bei vereinzelten Angriffen blieb, ertönten doch fast täglich die Sirenen, wenn englische oder amerikanische Flugzeuge im

---

190 Zeittafel zur Heidelberger Geschichte ab 1933. (Jahr o. A.). In Heidelberger Geschichtsverein (Hrsg.) Enzyklopädie. Abgerufen am 15.07.2020 von http://www.s197410804.online.de/Zeiten/1933.htm

191 Hagen, S., Kreutz, J., Müller, B. (2014). Unsere Schicksalsjahre 1944/45. Heidelberg: Eigenverlag Rhein-Neckar-Kreis, S. 24

192 Ebenda, S. 25

Anflug waren, weil viele alliierte Bomberverbände über Heidelberg weiter Richtung Osten flogen.[193] Allerdings gab es für die Heidelberger Bevölkerung kaum Luftschutzräume. Diese wurden erst 1944 geplant und vorwiegend von Fremdarbeitern gebaut.[194] Einer davon war das Stollensystem unter dem Schlossberg. Als Ersatz für öffentliche Luftschutzräume wurden die Keller vieler Häuser in Heidelberg zum provisorischen Luftschutzraum umfunktioniert. Dabei wurde oft ein Durchbruch zum Nachbarkeller gegraben, um sich retten zu können, wenn das Haus über den Bewohnern zusammengestürzt war. Außerdem wurde ein Kellerfenster durch eine provisorische Tür ersetzt, die von außen geöffnet werden konnte. Sie ist, wie die folgenden vier Fotos aus Heidelberg[195] zeigen, noch heute an vielen Häusern zu sehen. Damit die Bürger im Fall eines durch Bomben verursachten Feuers rasch löschen konnten, wurden – wie noch heute in der Karl Ludwig-Straße 6 zu sehen – an den Hauswänden Kreise in weißer Farbe angebracht, die den Standort des nächstgelegenen Hydranten bezeichneten. Zwei weitere, historische Fotos auf der Seite danach[196] zeigen ein Hinweisschild auf einen öffentlichen Luftschutzraum in der Weststadt und einen Schutzraum unter dem damaligen Heidelberger Hauptbahnhof zwischen dem heutigen Adenauerplatz und dem Bismarckplatz.

193 Ebenda, S. 94

194 Habersack, A. (2013). Fremdarbeiter in Heidelberg während des Zweiten Weltkrieges. Ubstadt-Weiher: Verlag Regionalkultur, S. 50

195 Bilder: Sebastian Klusak, EEB Heidelberg

196 Bilder: Heidelberg-Images (Nr. HR 121 und 280 HR). Alle Nutzungsrechte liegen bei Lossen Foto GmbH, Heidelberg

BONR 117
124 LIZARD

Zum öffentlichen
Luftschutzraum

Vom Nordhang des Gaisbergs konnte man in manchen Nächten die fächerförmig nach oben strebenden Lichtpfeiler der Flaks sehen, die versuchten, die Zerstörung Mannheims zu verhindern.[197] Unabhängig von den Angriffen bestand während des gesamten Krieges die Verpflichtung, die eigene Wohnung zu verdunkeln, d. h. zu verhindern, dass feindliche Flugzeuge durch die Lichter einer Ortschaft erkennen konnten, wo sie ihre Bomben abwerfen sollten.

Mitte November stürzte ein bei einem Luftkampf getroffener deutscher Jagdbomber in der Nähe der orthopädischen Klinik in Schlierbach ab. Die Besatzungsmitglieder sprangen mit dem Fallschirm ab und überlebten.[198] Ab dem Dezember 1944 wurden die Bombenabwürfe häufiger. Am 5.12. verursachte ein

197 Bild: Heidelberg-Images (Nr. HR 157). Alle Nutzungsrechte liegen bei Lossen Foto GmbH, Heidelberg

198 Hagen, S., Kreutz, J., Müller, B. (2014). Unsere Schicksalsjahre 1944/45. Heidelberg: Eigenverlag Rhein-Neckar-Kreis, S. 36

Angriff auf die Bahnlinie zwischen dem damaligen Güter- und Hauptbahnhof[199] mehrere Tote.[200] Am 23. und 29. Dezember wurden Züge zwischen dem damaligen Heidelberg und Neckargemünd angegriffen.[201] Auf dieser Strecke wurde der Nachschub zu der sich nähernden Westfront transportiert. Während die Munitionszüge oft von Flakzügen begleitet wurden, waren die Personenzüge meistens ungesichert.[202] Die Züge fuhren zu dieser Zeit nur noch unregelmäßig, ohne Fahrplan, und meistens nachts. Am 16. Februar 1945 wurde ein Eisenbahnzug in Schlierbach durch Jagdbomber angegriffen.[203] Er sprang daraufhin, wie das folgende Foto zeigt, aus den Gleisen.[204]

199 Ebenda, S. 12

200 Zeittafel zur Heidelberger Geschichte ab 1933. (Jahr o. A.). In Heidelberger Geschichtsverein (Hrsg.) Enzyklopädie. Abgerufen am 15.07.2020 von http://www.s197410804.online.de/Zeiten/1933.htm

201 Von Kuenssberg, E. (1993). Transplant. Ort o. A. (unveröffentlichtes Manuskript), S. 42 (Kopie im Besitz des Verfassers), S. 50

202 Hagen, S., Kreutz, J., Müller, B. (2014). Unsere Schicksalsjahre 1944/45. Heidelberg: Eigenverlag Rhein-Neckar-Kreis, S. 43

203 1945 (2020). In Rhein-Neckar-Wiki. Abgerufen am 15.07.2020 von https://rhein-neckar-wiki.de/1945

204 Bild: Urheber o. A. (1945). In Rhein-Neckar-Zeitung (Hrsg.) (1995). Zusammenbruch 1945 und Aufbruch. Eine Dokumentation der letzten Kriegstage vom Neckar zum Odenwald. Heidelberg: Eigenverlag, S. 20

Am 25. Februar 1945 warfen alliierte Flugzeuge mehrere Bomben auf Heidelberg ab. Die Häuser Gaisbergstraße 7 und 9 wurden zerstört, es gab mehrere Tote. Vermutlich galt auch dieser Angriff der Bahnlinie, die zu dieser Zeit unter dem Gaisberg verlief. Dessen ungeachtet mahnte das Finanzamt Heidelberg noch am 10. März die Vorauszahlung der Einkommenssteuer inklusive Kriegszulage an.[205] Es gibt mehrere Zeitzeugen, die berichtet haben, dass amerikanische Flugzeuge in den letzten Kriegsmonaten Flugblätter mit der Überschrift „Heidelberg werden wir schonen, in Heidelberg wollen wir wohnen" abgeworfen haben. Da aber keines dieser Flugblätter erhalten ist, steht nicht fest, ob diese Berichte stimmen.[206]

Am 7. März eroberten amerikanische Truppen die Brücke von Remagen. Die 7. US-Armee nutzte diesen Brückenkopf, um nach Süddeutschland und Österreich vorzudringen. Rasch wurden weitere Rheinübergänge errichtet. Der Rhein stellte kein größeres Hindernis für die Alliierten mehr da. Die Speerspitze der 7. Armee bildete die 44. amerikanische Infanteriedivision unter dem Kommando von Generalmajor Dean.[207] Die deutschen Truppen wichen immer mehr nach Osten zurück. Die Bombenabwürfe auf Heidelberg intensivierten sich. Am 19. März 1945 wurde ein Haus an der Ecke Bahnhofstraße/Goethestraße zerstört. Ein darin wohnender Schuster rutschte mit einem Teil des Gebäudes in die Tiefe, blieb aber unverletzt, während seine Frau auf dem Weg in den Luftschutzkeller getötet wurde.[208] Am gleichen Tag wurden zwei Häuser an der Ecke Alte Eppelheimer Straße 48/Mittermaierstraße 27 zerstört. Es gab 12 Tote. Das auf der folgenden Seite abgebildete Foto hat festgehalten, wie die Ecke nach dem Angriff ausgesehen hat.[209]

---

205 Zeittafel zur Heidelberger Geschichte ab 1933. (Jahr o. A.). In Heidelberger Geschichtsverein (Hrsg.) Enzyklopädie. Abgerufen am 15.07.2020 von http://www.s197410804.online.de/Zeiten/1933.htm

206 Hagen, S., Kreutz, J., Müller, B. (2014). Unsere Schicksalsjahre 1944/45. Heidelberg: Eigenverlag Rhein-Neckar-Kreis, S. 36

207 Führer, C., Elkins, Walter F., Montgomery, Michael J. (2014). Amerikaner in Heidelberg – 1945 bis 2013. Heidelberg: Verlag Regionalkultur, S. 101

208 Haas, D. (Jahr o. A.). Angst vor den Angriffen der Bombergeschwader. In Rhein-Neckar-Zeitung (Hrsg.) (1995). Zusammenbruch 1945 und Aufbruch. Eine Dokumentation der letzten Kriegstage vom Neckar zum Odenwald. Heidelberg: Eigenverlag, S. 20

209 Bild: Stadtarchiv Heidelberg Nr. BILDA 6342

Beim gleichen Angriff kamen in Heidelberg weitere 7 Menschen ums Leben. Zerstört wurden auch die Häuser Goethestraße 2, Bahnhofstraße 23 und Sechshäuserweg 1–3. Am 22. März 1945 verursachte ein Angriff von 27[210] Flugzeugen auf die damals noch bestehende Brücke der OEG über den Neckar und den in der Nähe befindliche Tiergarten drei Tote. Fast alle Gehege und die Umzäunung des Tiergartens wurden zerstört.[211] Dies war der – gemessen an der Zahl der Flugzeuge – größte Fliegerangriff auf Heidelberg.[212] Einen Tag später wurden der Güterbahnhof sowie die Wieblinger Mühle und die ebenfalls in Wieblingen befindliche Fabrik Helmreich durch Fliegerbombenabwurf getroffen. Es gab 12 Tote.[213] Vier 13- bis 14-jährige Jungen, die zuvor aus dem am Vortag zerstörten Zoo einen kleinen Waldkauz gerettet hatten, versteckten sich vor den Flugzeugen in der Nähe des Tiergartens in einem Bombenkrater. Durch einen Bombenabwurf wurde ein Ast eines Baumes von seinem Stamm getrennt, stürzte in diesen Krater hinunter und hätte die Jungen fast erschlagen. Kurz danach wurde ein Weißstorch durch eine weitere Bombe tödlich getroffen und fiel ebenfalls zu ihnen in den Krater. Geistesgegenwärtig schnitten sie mit ihren Taschenmessern aus dem Körper dieses Tieres Fleischstücke heraus und verfütterten diese später an den Kauz.[214] Am Tag darauf plünderte die Bevölkerung die bombardierten Waggons des Güterbahnhofs auf der Suche nach Nahrung, wurde aber dabei von der SS gestört.[215]

---

210 Haas, D. (Jahr o. A.). Angst vor den Angriffen der Bombergeschwader. In Rhein-Neckar-Zeitung (Hrsg.) (1995). Zusammenbruch 1945 und Aufbruch. Eine Dokumentation der letzten Kriegstage vom Neckar zum Odenwald. Heidelberg: Eigenverlag, S. 20

211 1945 (2020). In Rhein-Neckar-Wiki. Abgerufen am 15.07.2020 von https://rhein-neckar-wiki.de/1945

212 Haas, D. (Jahr o. A.). Angst vor den Angriffen der Bombergeschwader. In Rhein-Neckar-Zeitung (Hrsg.) (1995). Zusammenbruch 1945 und Aufbruch. Eine Dokumentation der letzten Kriegstage vom Neckar zum Odenwald. Heidelberg: Eigenverlag, S. 20

213 Zeittafel zur Heidelberger Geschichte ab 1933. (Jahr o. A.). In Heidelberger Geschichtsverein (Hrsg.) Enzyklopädie. Abgerufen am 15.07.2020 von http://www.s197410804.online.de/Zeiten/1933.htm

214 Trabold, G. (Jahr o. A.). Erinnerungen an einen ereignisreichen Frühling. In Rhein-Neckar-Zeitung (Hrsg.) (1995). Zusammenbruch 1945 und Aufbruch. Eine Dokumentation der letzten Kriegstage vom Neckar zum Odenwald. Heidelberg: Eigenverlag, S. 28

215 Hagen, S., Kreutz, J., Müller, B. (2014). Unsere Schicksalsjahre 1944/45. Heidelberg: Eigenverlag Rhein-Neckar-Kreis, S. 94

Mitte März setzte sich der Leiter der Schutzpolizei und die Mehrheit seiner Beamten aus Heidelberg ab.[216]

In der Woche vor Ostern hatte die Vorhut der 44. amerikanischen Infanteriedivision am rechten Rheinufer Pontonbrücken bei Frankenthal und Oppau gebildet. Viernheim wurde am 27. März, dem Dienstag vor Ostern, besetzt, am 29. März marschierten amerikanische Soldaten in Mannheim ein.[217] Seit dem Vortag hatten amerikanische Panzer die Stadt, die sowieso schon zu 70 % zerstört war, beschossen.[218] Als er gehört hatte, dass sich der Gefechtsstand der amerikanischen Artillerie im Wasserwerk in Käfertal befand, hatte der Stadtamtmann Nikolaus Quintus von der Zentrale der Städtischen Werke Mannheim aus im Wasserwerk Käfertal angerufen, um mit dem Befehlshaber der ameirkanischen Truppen die Einstellung des Beschusses und die friedliche Übergabe der Stadt zu verhandeln. Es befanden sich nur noch ungefähr 100 deutsche Soldaten in der Stadt.[219]

Bereits am Morgen des Sonntags zuvor, dem 25. März, hatte ein sogenanntes „fliegendes Standgericht" zwei Wehrmachtssoldaten standrechtlich erschossen und im Norden von Handschuhsheim und vor dem Bergfriedhof aufgehängt (s. den Abschnitt „Alfred Stiendel und Günther Pollacks" im ersten Teil dieser Publikation). Am gleichen Tag ließ der Heidelberger Oberbürgermeister Carl Neinhaus – der einzige Oberbürgermeister Badens, der nach der Machtübernahme der NSDAP 1933 im Amt belassen worden war – im Keller des Rathauses belastende Akten verbrennen. Dieser Keller war übrigens schon vorher als provisorisches Büro umfunktioniert worden. In der Nacht vom 26. auf den 27. März brannte der Dachstuhl über dem Chor und dem Mittelschiff der Peterskirche aus. Historiker vermuten, dass die Brandursache in einer Überhitzung der Heizungsanlage lag, weil der Kreisleiter der NSDAP, Wilhelm Seiler, in der Kirche

216 Pieper, W. (1985). Heidelberg zur Stunde Null 1945. Heidelberg: Grubhofer Verlag, S. 113

217 Ebenda, S. 36

218 Führer, C., Elkins, Walter F., Montgomery, Michael J. (2014). Amerikaner in Heidelberg – 1945 bis 2013. Heidelberg: Verlag Regionalkultur, S. 14

219 Autor o. A. (1998, 29.03.) Das Kriegsende in Mannheim aus amerikanischer Sicht. In Kurpfalz Regional Archiv. Abgerufen am 15.07.2020 von https://www.kurpfalzarchiv.de/das-kriegsende-in-mannheim-aus-amerikanischer-sicht/

Der Frontverlauf Ostern März 1945

ebenfalls belastende Akten verbrannte.[220] Am 27. März sprengten deutsche Truppen die bereits erwähnte OEG-Brücke zwischen Ochsenkopf und Handschuhsheim über den Neckar, am 28. März die Hindenburgbrücke (die heutige Ernst-Walz-Brücke). Währenddessen wurden einerseits immer noch

220 Zeittafel zur Heidelberger Geschichte ab 1933. (Jahr o. A.). In Heidelberger Geschichtsverein (Hrsg.) Enzyklopädie. Abgerufen am 15.07.2020 von http://www.s197410804.online.de/Zeiten/1933.htm

verwundete Soldaten nach Heidelberg transportiert,[221] gleichzeitig sollten diese andererseits vor den näherrückenden feindlichen Truppen in Sicherheit gebracht werden. Am 28. März kam der leitende Sanitätsoffizier des Oberbefehlshabers West (Generalfeldmarschall Albert Kesselring), und verlangte von den Heidelberger Sanitätsoffizieren, die Verwundeten aus der Stadt zu schaffen. Diese hatten in den Tagen zuvor bereits 16.000 Verwundete (u. a. mit Lazarettzügen) verlegen und 4.700 gehfähige Verwundete auf den Marsch zu vorher bestimmten Sammelplätzen im Osten schicken können. Trotzdem lagen in Heidelberg noch fast 5.000 Verwundete, viele davon in den Universitätskliniken im damaligen Klinikviertel in Bergheim.[222] Das Vorhandensein so vieler Verwundeten war aber einer der Gründe, warum die Heidelberger Altstadt nicht so häufig bombardiert wurde. Derauf der vorherigen Seite dargestellte Plan zeigt – wenn auch stark vereinfacht – den Frontverlauf an Ostern 1945.[223]

Am 29. März starben 11 Soldaten bei einem Gefecht mir der US-Armee bei Dossenheim.[224] Am selben Tag, dem Gründonnerstag, berichtet die „Volksgemeinschaft“, die Zeitung der NSDAP für Nordbaden:

„Nördlich Mannheim griff der Feind aus seinen Brückenköpfen weiter nach Osten an, um unsere Eingreifreserven zu fesseln. Aber nur schrittweise konnte er unsere Sperrverbände gegen die Bergstraße und auf die nördlichen Vororte Mannheims zurückdrängen. Von den Höhen am Westrand des Odenwaldes überschütteten unsere Batterien die gegen die Bergschwelle anstürmenden Nordamerikaner mit massiertem Feuer und zwangen sie immer wieder zu Boden.“ [225]

---

221 Pieper, W. (1985). Heidelberg zur Stunde Null 1945. Heidelberg: Grubhofer Verlag, S. 36

222 Ebenda, S. 114

223 Unbekannter Urheber. In: Rhein-Neckar-Zeitung (Hrsg.) (1995). Zusammenbruch 1945 und Aufbruch. Eine Dokumentation der letzten Kriegstage vom Neckar zum Odenwald. Heidelberg: Eigenverlag, S. 5

224 Zeittafel zur Heidelberger Geschichte ab 1933. (Jahr o. A.). In Heidelberger Geschichtsverein (Hrsg.) Enzyklopädie. Abgerufen am 15.07.2020 von http://www.s197410804.online.de/Zeiten/1933.htm

225 Ebenda

Es war die letzte Ausgabe der „Volksgemeinschaft“, und selbst die wurde wegen der Brückensprengung nördlich des Neckars nicht mehr ausgetragen, wie der spätere Bundespräsident Theodor Heuss, der seit 1943 mit seiner kranken Ehefrau in zwei Dachstuben[226] im Haus seiner Schwägerin im Kehrweg 4 in Handschuhsheim lebte, berichtete (in diesem Haus traf ihn im Mai 1945 ein US-Offizier an, als er gerade beim Teppichklopfen war, um ihn als Herausgeber der ab September 1945 erscheinenden Rhein-Neckar-Zeitung zu gewinnen).[227] Tatsächlich befanden sich in Heidelberg, ähnlich wie in Mannheim, nur wenige deutsche Soldaten. In Ochsenbach bei Leimen standen die Reste des LXXX. Armeekorps, das von General Franz Beyer befehligt wurde,[228] und im nicht weit entfernten Heidelberger Stadtteil Rohrbach der Stab der dem LXXX. Armeekorps unterstellten 198. Infanteriedivision unter dem Befehl von Generalmajor Konrad Barde.[229, 230] Am 28. oder 29. März schlug sich auch Albert Speer per Wagen über den Spessart und Odenwald noch einmal zu seiner Heimatstadt Heidelberg durch, um seine Eltern im Schloss-Wolfsbrunnenweg 50 zu besuchen. In seinem Buch „Erinnerungen“ schreibt er:

„In Heidelberg lagen im Rüstungsstab für Baden und Württemberg bereits die Befehle des Gauleiters von Baden, Wagner, der das Wasser- und Gaswerk meiner Heimatstadt wie das aller anderen Städte Badens zerstören wollte ... Wir fertigten sie (die Befehle) zwar schriftlich aus, übergaben aber die Briefe dem Briefkasten

226 Hörnle, M. (2013, 27.03.). Theodor Heuss. Ein Glücksfall für die junge Demokratie. Rhein-Neckar-Zeitung, Seite o. A.

227 Theodor Heuss, die Besetzung von Heidelberg. In Heidelberger Geschichtsverein (Hrsg.) Enzyklopädie. Abgerufen am 15.07.2020 von http://www.s197410804.online.de/Stadtgeschichte/1933-1945/heuss1945.htm

228 Führer, C., Elkins, Walter F., Montgomery, Michael J. (2014). Amerikaner in Heidelberg – 1945 bis 2013. Heidelberg: Verlag Regionalkultur, S. 17 sowie Pieper, W. (1985). Heidelberg zur Stunde Null 1945. Heidelberg: Grubhofer Verlag, S. 36
Franz Beyer (General) (2020). In Wikipedia, die freie Enzyklopädie. Abgerufen am 15.07.2020 von https://de.wikipedia.org/wiki/Franz_Beyer_(General)

229 198. Infanteriedivision (2020). In Wikipedia, die freie Enzyklopädie. Abgerufen am 15.07.2020 von https://de.wikipedia.org/wiki/198._Infanterie-Division_(Wehrmacht)

230 Ernst, F. (1960). Die Wiedereröffnung der Universität Heidelberg 1945–1946. In Universitäts-Gesellschaft Heidelberg (Hrsg). Heidelberger Jahrbücher (Band 4). Berlin/Heidelberg: Springer, S. 27f.

einer Stadt, die in Kürze vom Gegner besetzt werden musste (...) Nach einer nächtlichen Besprechung mit dem Heidelberger Oberbürgermeister, Dr. Neinhaus, bat ich als letzten Dienst an meiner Heimatstadt den mir schon von der Saar her bekannten SS-General Hausser, Heidelberg zur Lazarettstadt zu erklären und kampflos zu übergeben. In der frühen Morgendämmerung nahm ich von meinen Eltern Abschied." [231]

Der 29. März war der Tag, an dem sich das Schicksal Heidelbergs entschied. Die Bevölkerung verbrachte die meiste Zeit in den Schutzräumen und Kellern. Amerikanische Jagdbomber schossen auf deutsche Soldaten und Zivilisten.[232] Der Gefechtsstand der Artillerie der amerikanischen 44. Infanteriedivision befand sich immer noch im Wasserwerk in Mannheim-Käfertal. Über dieselbe Amtsleitung, mit die Amerikaner zuvor die Übergabe Mannheims verhandelt hatten, erreichten sie nun die Heidelberger Stadtwerke. Der Kommandant der Artillerie der 44. Infanteriedivision, William Beiderlinden, ließ Oberbürgermeister Neinhaus ausrichten, dass Heidelberg ab 20 Uhr bombardiert werden würde, wenn sich die deutschen Truppen nicht zurückgezogen und Vertreter der Stadt nicht mit den Amerikanern zu Übergabeverhandlungen treffen würden.[233] Beiderlinden, dessen Infanterie über 288 Geschütze verfügte, mochte Heidelberg. Dies lag in der Tatsache begründet, dass sein Großvater aus dem Odenwald stammte und er Wilhelm Meyer-Försters Schauspiel „Alt-Heidelberg" gesehen hatte. Zur gleichen Zeit waren Einheiten der 12th Armored Division bereits in den Odenwald vorgedrungen und näherten sich am 29. März über das Ulfenbachtal[234] dem Neckar bei Hirschhorn, so dass Heidelberg praktisch eingekreist war.[235] Neinhaus und Kreisleiter Seiler fuhren zum Divisionsstab nach Rohrbach und dem LXXX. Armeekorps in Ochsenbach, um das Ultimatum der Amerikaner

---

231 Speer, A. (1969). Erinnerungen. Frankfurt/Berlin: Ullstein, 1969, S. 454

232 Pieper, W. (1985). Heidelberg zur Stunde Null 1945. Heidelberg: Grubhofer Verlag, S. 41

233 Pieper, W. (1985). Heidelberg zur Stunde Null 1945. Heidelberg: Grubhofer Verlag, S. 37

234 Richter, O. (2015, 30.03.). Mit Glück entging Heidelberg der Zerstörung. Rhein-Neckar-Zeitung, Seite o. A.

235 Führer, C., Elkins, Walter F., Montgomery, Michael J. (2014). Amerikaner in Heidelberg – 1945 bis 2013. Heidelberg: Verlag Regionalkultur, S. 17 sowie Pieper, W. (1985). Heidelberg zur Stunde Null 1945. Heidelberg: Grubhofer Verlag, S. 17

mit der Wehrmacht zu besprechen. Sie erreichten, dass die militärische Führung den Sanitätsoffizieren erlaubte, eine Kommission einzurichten, die die Schonung der Lazarette und der darin liegenden Verwundeten sowie der Krankenhäuser erreichen sollte. In einem Umkreis von 200 Metern von Lazaretten und Krankenhäusern durften deutsche Soldaten nicht mehr schießen, marschieren oder aufgestellt werden. Nach den Besprechungen in Rohrbach und Ochsenbach fuhren Neinhaus und Seiler nach Heidelberg und teilten den dortigen Sanitätsoffizieren den Beschluss der Führung mit.[236]

Neinhaus hatte inzwischen den Amerikanern mitteilen lassen, dass sich wie gewünscht eine deutsche Delegation um 19 Uhr zu ihnen auf den Weg machen würde. Ab 17 Uhr versammelten sich deren Mitglieder – Prof. Dr. Johann Daniel Achelis, Dekan der Medizinischen Fakultät, Oberstarzt Dr. Hubert Niessen, Oberstabsarzt Dr. Paul Dahmann und Unteroffizier Fritz Grimm als Fahrer – im Arbeitszimmer des Oberbürgermeisters, der selbst auch mitfahren wollte. Es fehlte lediglich Oberleutnant Dieter Brüggemann vom Stab der 198. Division, der auf Veranlassung des LXXX. Armeekorps die Verhandlungen leiteten sollte.[237] Als dieser kurz vor 19 Uhr immer noch nicht eingetroffen war, wurden die Verhandlungen verschoben. In der Zwischenzeit hatten Angehörige einer Pioniereinheit Oberbürgermeister Neinhaus davon unterrichtet, dass sie Befehl hätten, die Friedrichsbrücke und die Ernst-Walz-Brücke zu sprengen. Dieselbe Einheit war seit dem 27. März in der Stadt schon für die Sprengung der anderen Brücken verantwortlich gewesen und hatte offensichtlich von dem Beschluss des LXXX. Armeekorps, Verhandlungen einzuleiten, keine Kenntnis.[238] Oberbürgermeister Dr. Neinhaus fuhr daher nicht mit der Delegation und versuchte stattdessen, die Zerstörung zu verhindern. Nachdem der Vertreter des Divisionsstabs doch noch eingetroffen war, setzte sich die Delegation gegen 21 Uhr über die noch intakte Friedrichsbrücke nach Dossenheim in Bewegung, wo sie

---

236 Pieper, W. (1985). Heidelberg zur Stunde Null 1945. Heidelberg: Grubhofer Verlag, S. 41f.

237 Ernst, F. (1960). Die Wiedereröffnung der Universität Heidelberg 1945–1946. In Universitäts-Gesellschaft Heidelberg (Hrsg). Heidelberger Jahrbücher (Band 4). Berlin/Heidelberg: Springer, S. 27f.

238 Pieper, W. (1985). Heidelberg zur Stunde Null 1945. Heidelberg: Grubhofer Verlag, S. 43f. und 110f.

von den Amerikanern schon erwartet wurde. Der Vertreter des Divisionsstabs und Verhandlungsführer, Oberleutnant Dr. Dieter Brüggemann, beschrieb die Fahrt nach dem Krieg mit folgenden Worten:

„Wir fuhren im offenen Kübelwagen. Die Brücke hier in Neuenheim war noch unzerstört. Jetzt ging es in die Handschuhsheimer Landstraße Richtung Dossenheim aus der Stadt heraus in langsamem Tempo. Die letzten deutschen Vorposten lagen am Friedhof beiderseits der Straße. Sie winkten uns zu (natürlich waren sie unterrichtet), und dann gings ins Niemandsland. Der Dolmetscher entfaltete eine große, behelfsmäßig hergestellte weiße Fahne (...) Nach kurzer Zeit langten wir beim amerikanischen Vorposten an. Sie nahmen uns in Empfang, und eine erste Überraschung: Die Augen wurden uns nicht verbunden (...) Und der Grund, warum man uns sehen ließ, war mir sehr bald klar: Aufgereiht, in Richtung Heidelberg, stand ein schwerer Sherman-Panzer hinter dem anderen auf der Landstraße." [239]

Die Amerikaner eskortierten die deutsche Delegation von Dossenheim über Ladenburg nach Käfertal. Hier – in einem relativ leeren und mäßig beleuchteten Saal – erwartete sie die amerikanische Verhandlungsdelegation. General Beiderlinden war nicht dabei. Die Amerikaner verlangten, für den gesamten Raum Heidelberg auf Kampfhandlungen zu verzichten. Zu einem solchen Zugeständnis hatte der deutsche Verhandlungsführer aber kein Mandat. Sie trotzdem zu geben, hätte bedeuten können, standrechtlich erschossen zu werden. Dr. Dieter Brüggemann berichtete:

„Mehrmals waren die Verhandlungen beinahe am Scheitern. Die Zeit rückte vor. Schließlich kam, ich weiß nicht, wer von uns auf einen Kunstgriff, der es ermöglichte, doch noch zu einer Einigung zu kommen. Wenn man nämlich die Belegenheit der Lazarette in der Stadt in Betracht zog, zeigte sich, dass sie ziemlich gedrängt auf das engere Stadtgebiet verteilt waren. Wenn man nun um jedes der Lazarette einen Radius von 150–200 Metern zog und wir uns verpflichteten, innerhalb dieses Radius jeweils keinen Soldaten und keine Waffen zu postieren, dann überschnitten sich die Kreise. Das erwies eine Lagerkarte, die einer der Sanitätsoffiziere mit sich

---

239 Pieper, W. (1985). Heidelberg zur Stunde Null 1945. Heidelberg: Grubhofer Verlag, S. 63

führte und die er dem Amerikaner zu präsentieren imstande war (...) Der Amerikaner akzeptierte das, stellte seine weitergehende Bedenken zurück und sicherte zu, von Bombardierung abzuziehen, wenn wir unsererseits die besagte Verpflichtung übernahmen." [240]

Inzwischen war es 3 Uhr Nachts. Auf der Rückfahrt wurden die Unterhändler von deutschen Soldaten, die sie offenbar für Feinde hielten, beschossen. Der Fahrer, Fritz Grimm (der spätere Besitzer des gleichnamigen Rauchwarengeschäfts am Bismarckplatz) wurde an der Hüfte getroffen, fuhr die Gruppe aber noch nach Neuenheim. In der Zwischenzeit hatte Oberbürgermeister Dr. Neinhaus die Sprengung der beiden verbliebenen Brücken aber nicht verhindern können, so dass die Gruppe vor den Ruinen der zerstörten Friedrichsbrücke (Bild unten)[241] stand.

240 Ebenda, S. 64

241 Bild: Heidelberg-Images (Nr. 287 HR). Alle Nutzungsrechte liegen bei Lossen Foto GmbH, Heidelberg

Auch der Wehrsteg am Karlstor wurde im Bereich der Schleuse gesprengt, blieb aber für Fußgänger benutzbar.[242] Aufgrund der Sprengung der Alten Brücke zerbarsten mehrere Fenster der Heiliggeistkirche. Wenn sie das Verhandlungsergebnis aber den deutschen Stellen nicht überbringen könnten, würden – das stand fest – die Amerikaner mit dem Artilleriebeschuss beginnen. Im Keller des Wirtshauses „Neue Krone" am Brückenkopf – heute steht dort ein modernes Geschäftshaus – harrten zu dieser Zeit einige Neuenheimer aus, weil es ihnen in ihren Wohnungen zu gefährlich war. Einer der Delegationsmitglieder kam in diesen Keller und fragte, ob einer der Anwesenden bereit wäre, die Unterhändler ans andere Neckarufer zu rudern. Niemand antwortete – bis auf ein 16-jähriges Mädchen namens Anni Tham. Es bat zwei Freundinnen, mit hinauszukommen. Die drei Mädchen holten aus dem Keller von Annis Elternhaus in der Brückenkopfstraße 8, das auf dem folgenden Foto auf der folgenden Seite zu sehen ist[243], Annis Paddelboot und trugen es bis ans Ufer. Zu dieser Zeit befanden sich mehrere deutsche Stellungen auf den Hängen des Königsstuhls, die das Ufer und den Neckar selbst beschossen. Es war also sehr gefährlich, über den Neckar zu rudern. Anni Tham tat es trotzdem. Sie brachte drei Delegationsmitglieder mit eigener Kraft ans andere Ufer, während links und rechts die Granaten ins Wasser schlugen[244] (der Fahrer und ein Sanitätsoffizier hatten sich schon vorher zur Behandlung ins Lazarett begeben und die anderen Mitglieder ruderten wahrscheinlich selbst).[245] Oberleutnant Dr. Dieter Brüggemann begab sich zum Divisionskommando nach Rohrbach und berichtete seinem Kommandeur die Verhandlungsergebnisse. Anni Tham, die übrigens später in Sinsheim einen Friseursalon eröffnete, erhielt 38 Jahre später für ihre Tat die Bürgermedaille der Stadt Heidelberg.

Am Morgen des 30. März, also am Karfreitag, erreichten amerikanische Soldaten das Neckarufer. Es war aber nicht die 44., sondern Vorausabteilungen der 63. Infanteriedivision. Während die Soldaten in Neuenheim den Flussübergang

---

242 Hagen, S., Kreutz, J., Müller, B. (2014). Unsere Schicksalsjahre 1944/45. Heidelberg: Eigenverlag Rhein-Neckar-Kreis, S.147

243 Bild: Sebastian Klusak, EEB Heidelberg

244 Autor o. A. (1970). Eine mutige Tat der Anni Tham. Rhein-Neckar-Zeitung. S. o. A.

245 Pieper, W. (1985). Heidelberg zur Stunde Null 1945. Heidelberg: Grubhofer Verlag, S. 63 Ebenda, S. 65

vorbereiteten, näherten sich im Süden die Einheiten der 10. US-Panzerdivision, von Mannheim kommend, der Stadt. Im Osten standen Panzer der 12. US-Panzerdivision bei Hirschhorn. Allerdings gab es noch immer Widerstand. Fanatische Mitglieder der Hitler-Jugend eröffneten aus dem Marstallhof heraus das Feuer, und fliehende deutsche Soldaten schossen vereinzelt von den Hängen des Königstuhls in die Stadt hinein. Am Bergfriedhof kam es zu Rückzugsgefechten mit versprengten SS-Angehörigen.[246] General Beiderlinden wurde von einigen seiner Offiziere zu Gegenmaßnahmen aufgefordert, lehnte diese aber ab.[247] Im Obergeschoss der Steubenstraße 36 zerbrach eine Granate unbekannter Herkunft zunächst die Fensterscheibe, flog dann ins Bücherregal, durchschlug anschließend eine Wand zu einem Kinderzimmer, zertrümmerte dort die Füße eines Stuhls, auf dem der Vater der Familie gerade saß und zerschmetterte dann eine in diesem Zimmer stehende Holzkiste sowie den dahinter befindlichen Heizungskörper. Weil sie im Bücherregal ihren Zünder

246 Richter, O. (2015, 30.03.). Mit Glück entging Heidelberg der Zerstörung. Rhein-Neckar-Zeitung, Seite o. A.

247 Pieper, W. (1985). Heidelberg zur Stunde Null 1945. Heidelberg: Grubhofer Verlag, S. 70

verloren hatte, kam es nicht zur Explosion.[248] Gegen Mittag hatten die Amerikaner bereits mit Booten den Neckar überquert (einen Tag später errichten sie eine Pontonbrücke).[249] Das Foto auf der nächsten Seite zeigt sie auf dem Bismarckplatz neben einem Krater sitzen.[250] Dieser Krater war wenige Tage zuvor von einer amerikanischen Fliegerbombe verursacht worden, die eine Flak treffen sollte, die irrtümlich auf dem Platz aufgestellt worden war. Vom Bismarckplatz rückten die Amerikaner langsam in die Altstadt vor, einige munter plaudernd und lachend, fast wie im Manöver. In der Hauptstraße hingen überall weiße Fahnen.[251] Der Krieg war in Heidelberg vorüber.

Die Amerikaner hatten ausgewählte Offiziere schon seit 1944 dafür ausgebildet, zivile Aufgaben in besetzten Ortschaften zu übernehmen. Schon wenige Stunden nach dem Ende der Kampfhandlungen konnte deshalb das „Regional Military Government Detachment 2E2“ unter dem Kommando von Captain Eldon H. Haskell seine Arbeit im Heidelberger Rathaus aufnehmen.[252] Es verhängte eine Ausgangssperre von 19 bis 6 Uhr und verbot jede Vereinsaktivität. Kurz nach dem Einmarsch der Amerikaner besuchte übrigens auch Marlene Dietrich in amerikanischer Uniform Heidelberg. Der Weltstar hatte seit 1939 die amerikanische Staatsbürgerschaft und begleitete in den letzten Kriegsjahren die amerikanischen Truppen.[253] Auf der Neckarwiese landeten amerikanische Flugzeuge.[254] Einige versprengte Soldaten wurden auf dem Königstuhl gefangengenommen. Oberbürgermeister Carl Neinhaus wurde abgesetzt, aber 1952 von den Heidelbergern erneut zum Oberbürgermeister gewählt. Wilhelm Seiler wurde 1945 zu fünf Monaten Haft verurteilt.

---

248 Autor o. A. (Jahr o. A.). Die wunderbare Rettung zweier Familien am Karfreitag 1945. In: Rhein-Neckar-Zeitung (Hrsg.): „Zusammenbruch 1945 und Aufbruch.“ Heidelberg 1995, S. 27

249 Bild: Stadtarchiv Heidelberg, Nr. BILDA 5199

250 Bild: Stadtarchiv Heidelberg Nr. BILDA 5201

251 Bild: Heidelberg-Images (Nr. 4554). Alle Nutzungsrechte liegen bei Lossen Foto GmbH, Heidelberg

252 Führer, C., Elkins, Walter F., Montgomery, Michael J. (2014). Amerikaner in Heidelberg – 1945 bis 2013. Heidelberg: Verlag Regionalkultur, S.114

253 Autor o. A. (2020, 30.03.). Mit Stahlhelm auf dem Schloss. Rhein-Neckar-Zeitung, S. 5

254 Hagen, S., Kreutz, J., Müller, B. (2014). Unsere Schicksalsjahre 1944/45. Heidelberg: Eigenverlag Rhein-Neckar-Kreis, S.106

Heidelberg am Tag des Einmarsches der US-Truppen

Heidelberg war bis auf die Bahnanlagen, den Tiergarten, die Brücken und die bombardierten Häuser intakt geblieben. Insgesamt wurden 13 Gebäude zerstört, 280 mehr oder weniger stark beschädigt. Es gab (auch aufgrund der Sprengungen der Brücke, in denen Leitungen verlegt waren) kein Gas, Strom oder Wasser.[255] Captain Haskell berichtete von 300 nicht begrabenen Toten, die im Stadtgebiet von den Amerikanern gefunden wurden. Insgesamt hatte Heidelberg im Zweiten Weltkrieg 2.314 Gefallene und Verstorbene zu beklagen. Der letzte war der 18-jährige Soldat Heinz-Dieter Hofert. Das Foto[256] zeigt ihn an Weihnachten 1943. Er war in Schweinfurt[257] aus amerikanischer Gefangenschaft geflohen und wollte zur Wohnung seiner Mutter in der Steubenstraße. Am Abend des 21. April traf er am Hainsbachweg, also wenige hundert Meter vor seinem Ziel, auf eine US-Streife, die auf ihn schoss und ihn am Bauch traf. Hofert schleppte sich durch die menschenleere Handschuhsheimer Landstraße und klingelte an etlichen Türen, bis ein Ehepaar aufmachte und die Polizei verständigte. Er starb am 23. April in der Chirurgischen Universitätsklinik.[258]

---

255 Zeittafel zur Heidelberger Geschichte ab 1933. (Jahr o. A.). In Heidelberger Geschichtsverein (Hrsg.) Enzyklopädie. Abgerufen am 15.07.2020 von http://www.s197410804.online.de/Zeiten/1933.htm

256 Bild: privat

257 Hörnle, M. (2005, 23.04.). Das letzte Kriegsopfer in Heidelberg. Rhein-Neckar-Zeitung, S. o. A.

258 Hörnle, M. (2018, 30.03.). Als am Karfreitag die Amerikaner kamen. Rhein-Neckar-Zeitung, S. o. A.

Vierter Teil:

Führungsvorschlag „Hermann Maas"

Heiliggeiststraße 17: *Hermann Maas und das Schmitthennerhaus*

Die Geschichte dieses Hauses beginnt mit der Gründung des Zisterzienserklosters in Schönau 1142.[259] Das Kloster war bedeutend: Es hatte eine mit 84 Meter Länge und 23 Meter Breite gewaltige Kirche und zählte im 13. Jahrhundert ca. 300 Mönche. Es besaß in Heidelberg, Speyer, Worms und Frankfurt am Main Häuser, in denen die Angehörigen wohnen konnten, wenn sie in diesen Städten Besorgungen zu machen hatten. Eines davon war der Schönauer Klosterhof, auf dessen Gelände wir jetzt stehen. Die Mönche erwarben das Areal Anfang des 13. Jahrhunderts, also zur Zeit der Stadtgründung Heidelbergs.[260] Damals bestand Heidelberg nur aus dem Schloss (das sich zu dieser Zeit noch auf der Molkenkur befand), einem Fischerdorf rund um die Peterskirche und einer städtischen Siedlung zwischen Planken- und Grabengasse. Schwerpunkt dieser Siedlung war damals die Hauptstraße, weil auf dieser schon vor der Stadtgründung Waren zwischen dem Odenwald und der Rheinebene transportiert wurden. Ob und wenn ja wie viele Häuser sich (außer der Mühle) auch in den Gebieten nahe dem Fluss befanden oder ob hier eher Weiden oder Gärten waren, weiß man nicht. Fest steht aber, dass die Hauptkirche der Stadt die Peterskirche war und sich am Standort der heutigen Heiliggeistkirche nur eine Kapelle befand. Der von den

259 Aus der Geschichte der Stadt Schönau bei Heidelberg. Revised version of the Town History by Friedrich Bossert, published 1950 (2000). In http://schoenau.tripod.com/public_html. Abgerufen am 15.07.2020 von http://schoenau.tripod.com/public_html/history-1.html

260 Keller, M. (1992). Unser Gemeindehaus „Adolf-Schmitthenner-Haus" hat 200. Geburtstag. In Pfarrbrief der Altstadtgemeinde Heidelberg, S. o. A. sowie Geschichte Heidelbergs (2020). In Wikipedia, die freie Enzyklopädie. Abgerufen am 15.07.2020 von https://de.wikipedia.org/wiki/Geschichte_Heidelbergs#Anf%C3%A4nge_Heidelbergs

Mönchen erworbene Klosterhof umfasste die heutigen Häuser Nr. 11 bis 21,[261] war also bedeutend größer als das jetzige Schmitthennerhaus. Die Schönauer Mönche hatten noch mehr Besitzungen in Heidelberg: Die Mühle an der Oberen Neckarstraße, zwei weitere in Bergheim und Handschuhsheim, eine Ziegelei, zwei Fähren, das St. Jakobsstift am heutigen Friesenberg, wo die Zisterzienser wohnten, die in Heidelberg studierten, und ein Lager mit Feldfrüchten, mit dem sie den Heidelberger Markt versorgten.[262] Die südliche Außenmauer des Gebäudes, vor der wir jetzt stehen, ruht noch heute auf der Nordwand von vier großen, steinernen Kellerräumen, deren Sohle sich 4 Meter unter der heutigen Oberfläche – also unter dem heutigen Parkplatz – befand. Die Mauern dieser Keller wurden 1958 bei Grabungsarbeiten entdeckt, existieren aber nicht mehr. Nach einem Bericht aus dem 18. Jahrhundert sollen die Grabsteine der Kurfürsten, die 1689/93 von den französischen Truppen aus der Heiliggeistkirche entfernt worden waren, noch 1717 in diesen Räumen gelagert worden sein.[263]

Nach der Zerstörung Heidelbergs 1693 wurde das jetzige Gebäude 1708 nach Plänen Johann Jacob Rischers erbaut. Es wurde 1790, 1890 und 1910/12 umgestaltet.[264] Benannt ist es nach Adolf Schmitthenner (*24. Mai 1854 in Neckarbischofsheim; †22. Januar 1907 in Heidelberg). Er war seit 1893 bis zu seinem Tod Pfarrer an der Heiliggeistkirche. Neben theologischen und literaturwissenschaftlichen Werken verfasste Schmitthenner zahlreiche Romane, Erzählungen und Dramen. Sein Roman „Das Deutsche Herz“ und die Novelle „Psyche“ waren seine größten Erfolge. Seine ab 1883 erschienenen Erzählungen waren auch bei der Jugend beliebt. In dieses Haus zog Hermann Maas 1915 ein, nachdem er Pfarrer der Heiliggeistgemeinde geworden war, und wohnte hier bis zu seiner Zwangspensionierung 1943 (danach zog er in die Beethovenstraße 64 um).

261 Klosterhöfe in Heidelberg südlich des Neckars (Jahr o. A.). In Heidelberger Geschichtsverein (Hrsg.) Enzyklopädie. Abgerufen am 15.07.2020 von ttp://www.s197410804.online.de/ABC/ABCklosterhoefe.htm

262 Vgl. http://schoenau.tripod.com/public_html/history-1.html. Abgerufen am 10.05.2020

263 Regierungspräsidium Stuttgart (Hrsg.) (2006). Archäologischer Stadtkataster Baden-Württemberg, Band 32.1 Text. Stuttgart: Eigenverlag, S. 170

264 Schmitthennerhaus (Heiliggeiststraße 17, Heidelberg) (2020). In: Landeskunde entdecken online. Abgerufen am 15.07.2020 von https://www.leo-bw.de/detail-gis/-/Detail/details/DOKUMENT/lad_denkmale/99785156/Schmitthennerhaus%20Heiliggeiststra%C3%9Fe%2017%20Heidelberg

Maas war Pfarrer, als 1924 die Tafel für Schmitthenner am rechten Pfeiler des Eingangstors angebracht und das Haus entsprechend umbenannt wurde.

Hermann Ludwig Maas wurde am 5. August 1877 in Gengenbach (nahe Offenburg) als Sohn eines evangelischen Pfarrers geboren. Nach der Schulzeit in Gernsbach (Baden) und Studium der evangelischen Theologie in Halle (Saale), Straßburg und Heidelberg, wo er der Akademisch-Theologischen Verbindung Wartburg angehörte, wirkte er zunächst als Vikar in Rheinbischofsheim und Weingarten und war seit 1903 als Pfarrer in Laufen (nahe Schwäbisch Gmünd) tätig. Seit 1904 war Hermann Maas mit der Pfarrerstochter Kornelie Hesselbacher (1879–1975) verheiratet. Aus der Ehe entstammen drei Töchter.[265] Ein Jahr vor seiner Berufung nach Heidelberg hatte Maas an der Gründungsversammlung des „Weltbund für Freundschaftsarbeit der Kirchen" in Konstanz teilgenommen. Diese Organisation setzte sich dafür ein, dass die christlichen Kirchen den Frieden förderten und sich gegen Krieg wandten.[266] In Heidelberg verdiente Maas das Doppelte als in Laufen. Trotzdem fiel der Familie der Umzug nicht leicht. Die Wohnung der Familie Maas lag im 1. Stock und hatte 10 geräumige Zimmer. Das Arbeitszimmer von Hermann Maas war wahrscheinlich hinter dem ersten und zweiten Fenster von rechts auf der rechten Seite, sein Schlafzimmer hinter dem zweiten und dritten Fenster auf der linken Seite. [267] Im heutigen Hermann-Maas-Saal war ein repräsentativer Empfangsraum. In der rückwärtsgelegenen, nordwestlichen Ecke des 1. Stocks befanden sich Küche und Bad. Da die Räume nur mit Kohleöfen beheizbar waren, waren sie im Winter kalt, und die Familie musste mühsam die Kohle nach oben schleppen. In den großzügigen Fluren lernte Maas' Tochter Kornelie das Radfahren.[268] Sie schreibt außerdem: „An Weihnachten war das Pfarrhaus ein Warenlager mit Kleidungsstücken und Lebensmitteln, alles Stiftungen, die

265 Hermann Maas (Theologe). (2020). In Wikipedia, die freie Enzyklopädie. Abgerufen am 15.07.2020 von https://de.wikipedia.org/wiki/Hermann_Maas_(Theologe)

266 Weltbund für Freundschaftsarbeit der Kirchen (2020). In Wikipedia, die freie Enzyklopädie. Abgerufen am 15.07.2020 von https://de.wikipedia.org/wiki/Weltbund_für_Freundschaftsarbeit_der_Kirchen

267 Auskunft von Dekan i. R. Johannes Kühlewein vom 11.07.2020 gegenüber dem Verf.

268 Geiger, M. (2006). Hermann Maas – Eine Liebe zum Judentum. Ubstadt-Weiher: Verlag Regionalkultur, S. 135

unter den Ärmsten verteilt wurden."[269] Der große Garten rund ums Haus wurde von Kornelie Maas gepflegt. In ihm standen – rechts und links neben dem Hoftor zu Heiliggeiststraße – zwei große, alte Bäume. Der rechte Teil des Gartens erstreckte sich ursprünglich bis hin zur Oberen Neckarstraße, denn das heute dort mit der Nummer 20 bezeichnete Gebäude wurde erst in den 1950er Jahren errichtet. Das Foto auf dieser Seite zeigt Hermann Maas, seine Frau Kornelie, zwei seiner Töchter (die dritte wurde erst 1917 geboren) und einen unbekannten Jungen vor dem Eingangsportal[270], das Foto auf der folgenden Seite zeigt ihn in seinem Arbeitszimmer Ende der 30er oder Anfang der 40er Jahre.[271] Außer der Familie Maas wohnte noch die Familie des zweiten Pfarrers an der Heiliggeistkirche, Theodor Oestreicher, in dem Haus.

Seine Tochter Kornelie schreibt in Ihren Erinnerungen an ihren Vater:

„Der Tag meines Vaters begann schon früh am Morgen und endete oft spät in der Nacht. Um fünf Uhr saß er bereits an seinem Schreibtisch, um sich für den Religionsunterricht oder den Konfirmandenunterricht vorzubereiten. Sein Studierzimmer war sehr ge-räumig. Ein runder Biedermeiertisch stand in der Mitte des Raumes und wurde von meinem Vater langsam umkreist, während er mit lauter Stimme seine Predigt vortrug, die er grundsätzlich handschriftlich vorbereitete. Im Gottesdienst am Sonntag sprach er jedoch frei von der Kanzel zu seiner Gemeinde." [272]

269 Ebenda, S. 137

270 Foto: Urheber unbekannt. Urheber unbekannt. Vorhanden im Stadtarchiv Heidelberg Dateiname 150148.tif.

271 Bild: Stadtarchiv Heidelberg Nr. BILDA 13437

272 Geiger, M. (2006). Hermann Maas – Eine Liebe zum Judentum. Ubstadt-Weiher: Verlag Regionalkultur, S. 138

Seit seiner Kindheit mochte er seine jüdischen Altersgenossen bzw. Mitbürger. Als Junge trug er z. B. oft einem jüdischen Freund am Sabbat die Schulbücher in die Schule oder steckte für ihn das Holz in den Ofen, damit dieser das Sabbat-Gebot einhalten konnte.[273] Ein anderes Mal schlug er wütend auf die Bank, als ein Französisch-Lehrer eine jüdische Klassenkameradin namens Rosa so lange den Satz „Je suis une Juive" üben ließ, bis diese zu weinen anfing (um die scharfen „s" und die weichen „j" zu üben). Er bekam dafür eine Ohrfeige vom Lehrer, auf die er sein Leben lang stolz war, und sagte nach der Stunde zu Rosa, sie solle nicht weinen, sondern stolz darauf sein, zu Gotte Volk zu gehören.[274] Rosa wanderte übrigens später in die USA aus und überlebte dort die Judenvernichtung. Maas war Mitglied im Jahr 1933 aufgelösten Vereins zur Abwehr des Antisemitismus. Am rechten Türpfosten des Schmitthennerhauses brachte er 1933 eine Mesusa an, damit Juden, die Hilfe brauchten, die Scheu vor dem Betreten eines evangelischen Pfarrhauses genommen wurde. Im Folgenden geht es zunächst um sein soziales Engagement und danach darum, was er während des Nationalsozialismus für seine jüdischen Mitbürger tat.

273 Ebenda, S. 221

274 Ebenda, S. 221f.

Pfaffengasse 18:
Hermann Maas, die soziale Not und die Jugend

Im Hof der Friedrich-Ebert-Gedenkstätte in der Pfaffengasse 18 befindet sich die Wohnung, in der am 4. Februar 1871 – mittags gegen 12 Uhr – der spätere Reichspräsident Friedrich Ebert als siebtes Kind des Schneiders Karl Ebert und seiner Ehefrau Katharina zur Welt kam. Die Wohnung liegt in einem Zwischengeschoss. Sie war schon damals nur über diese hölzerne Treppe zu erreichen, was sie von den vielen anderen Wohnungen unterschied, die nur über Holzleitern oder Strickleitern zugänglich waren.[275] Sie misst etwa 46 Quadratmeter und besteht aus einem größeren Zimmer, einem Durchgangszimmer und einer Küche. Die Räume sind nur knapp 2 Meter hoch. Hier wohnte die gesamte Familie mit neun Kindern, von denen allerdings drei im Säuglings- und Kindesalter verstarben, sowie mehreren Gesellen. Die Wohnung steht für ein Thema, für das sich Hermann Maas sein Leben lang eingesetzt hat: die soziale Not. Im Gemeindebrief der Heiliggeistgemeinde schreibt er 1922:

„Heute möchte ich nur ein Wort sagen von einer Not in der eigentlichen Altstadt. Hier liegt sie vor allem in den alten Mietshäusern mit den schmutzigen, engen Höfen, den dunklen, feuchten und kalten Hinterwohnungen und dem oft so schlechten Zustand im Inbau der Häuser. Da werden ärmliche, schlecht ernährte oft kranke Menschen groß. Und mit der ständigen, alltäglich drückenden Not geht auch immer wieder die ideale Lebensansicht in die Brüche." [276]

Viele der Kinder, die in diesen Verhältnissen aufwuchsen, litten an Hunger, Tuberkulose, Läusen, wurden von ihren Eltern – oft unter Alkoholeinfluss – geschlagen und manchmal auch missbraucht. Für sie rief Hermann Maas die Marienhütte ins Leben. Im Jahr 1928 hatte Marie Comtesse der evangelischen Kirche ein Gelände oberhalb des Schlosses geschenkt. Hermann Maas initiierte dort 1929 den Bau einer Hütte und die Abhaltung von Erholungstagen für arme

275 Ebenda, S. 137
276 Ebenda, S. 145

Altstadtkinder, an denen 1930 schon 330 Kinder teilnahmen.[277] So oft es ging, nahm er selbst daran teil. Außerdem war Hermann Maas Mitinitiator und Vorsitzender des 1927 gegründeten „Evangelischen Jugend- und Wohlfahrtsdienstes" Heidelberg.[278] Dieser vertrat u. a. Jugendliche vor öffentlichen Ämtern, vermittelte Pflege- und Dienststellen, verschickte Kinder und Mütter zur Erholung, betreute Mädchen und Frauen in Kliniken, versah Gefährdeten- und Wandererfürsorge und betrieb ein Kinderheim.[279] Darüber hinaus war Hermann Maas auch Jugendpfarrer für ganz Heidelberg. Als solcher mietete er in Heddesbach im Odenwald ein Bauernhaus, funktionierte dies zum Landheim um und fuhr auf zahlreichen Jugendfreizeiten dorthin mit. Er hielt Jugendgottesdienste, führte mit den Jugendlichen Theaterstücke auf und veranstaltete in den Ruinen der Michaelsbasilika Tanznachmittage.[280, 281] Hermann Maas liebte die Jugend. In einer Rede 1917 an seine Konfirmanden sagte er:

„Ich habe so viel Feines und Liebes, so viel zarte Verschlossenheit und wieder vertrauende Aufgeschlossenheit bei euch gesehen. Ich stehe heute unter euch wie ein Dankbarer. Ihr seid meine Freunde gewesen und habt mir viel geschenkt, mit euch zusammen zu sein, waren die schönsten, ungetrübten Stunden." [282]

Zehn Jahre später – zur Zeit des Nationalsozialismus – waren aus diesen Jugendlichen gestandene Männer und Frauen geworden, die zu ihrem Pfarrer standen. Das soziale Engagement von Hermann Maas brachte ihn auch dazu, im Jahr 1918 der Deutschen Demokratischen Partei beizutreten. Das war zusammen

---

277 Geiger, M. (2006). Hermann Maas – Eine Liebe zum Judentum. Ubstadt-Weiher: Verlag Regionalkultur, S. 190

278 Ebenda, S. 188

279 Heß, M. (1999). Der Evangelische Jugend- und Wohlfahrtsdienst in Heidelberg von 1927 bis 1933. Zusammenfassung der Diplomarbeit am Diakoniewissenschaftlichen Institut der Universität Heidelberg WS 1998/99. In Heidelberger Dokumentenserver. Abgerufen am 15.07.2020 von http://archiv.ub.uni-heidelberg.de/volltextserver/2697/1/hess_a.pdf

280 Geiger, M. (2006). Hermann Maas – Eine Liebe zum Judentum. Ubstadt-Weiher: Verlag Regionalkultur, S. 152

281 Keller, W. et al. (Hrsg.) (1997). Leben für Versöhnung. Hermann Maas – Wegbereiter des christlich-jüdischen Dialogs. Karlsruhe: Hans Thoma Verlag, S. 64

282 Ebenda, S. 66

mit der SPD eine entschiedene Verfechterin der Weimarer Republik. Sie vertrat eine soziale Politik. Für diese Partei war er über zwei Legislaturperioden im Heidelberger Stadtrat. Ein Schwerpunkt seiner Arbeit im Rat war die Ausgestaltung des damals neuen Stadtteils Pfaffengrund, den er als Alternative für die unhaltbaren Wohnverhältnisse in der Altstadt sah.[283] Im Jahr 1925 hielt er übrigens bei der Beerdigung von Reichspräsident Friedrich Ebert, in dessen Geburtshaus wir jetzt sind, auf dem Bergfriedhof eine Traueransprache. Da Ebert katholisch getauft und später aus der Kirche ausgetreten war, erfolgten daraufhin disziplinarische Maßnahmen gegen Maas durch einen gegen die Republik eingestellten Vorgesetzten in der Badischen Landeskirche.

283 Geiger, M. (2006). Hermann Maas – Eine Liebe zum Judentum. Ubstadt-Weiher: Verlag Regionalkultur, S. 141

Marktplatz, Heiliggeistkirche: *Hermann Maas und die Juden*

Diese Kirche war die Pfarrkirche von Hermann Maas und seinem Kollegen, Pfarrer Theodor Oestreicher. Die Glocken des Kirchturms über uns wurden damals noch von Hand geläutet. In der Silvesternacht erlaubte er Jungen aus seiner Pfarrei, zu dritt die große Glocke zu läuten. Der Hauptstrick, versehen mit zwei Nebenstricken, zog diese drei Jungen jeweils 2 Meter nach oben.[284] Als Maas seine Stelle antrat, war der Chor noch durch eine Mauer vom restlichen Kirchenschiff getrennt.

Der Chor, der sich auf der in diesem Foto[285] nicht sichtbaren anderen Seite der Wand befand, gehörte der katholischen Kirche, die ihn wiederum den Altkatholiken für ihre Gottesdienste überlassen hatte. Mehrere Jahre lang verhandelte Maas zäh mit der katholischen Kirche und den Altkatholiken, bis er im Februar 1936 erreichte, dass die Altkatholiken die St.-Anna-Kirche in der Plöck benutzen durften und die Erzdiözese Freiburg den Chor für 100.000 Reichsmark an die evangelische Kirche verkaufte. Beim ersten Gottesdienst in der Kirche ohne Scheidemauer am 25. Juni 1936 kamen so viele Menschen, dass die Predigt von Maas durch Lautsprecher auf den Marktplatz übertragen werden musste.[286] Ähnlich viele Menschen kamen zu den Orgelkonzerten von Albert Schweitzer, den Maas vom gemeinsamen Theologiestudium in Straßburg kannte. Schweizer sammelte durch seine Konzertreisen Geld für sein Urwaldhospital in

284 Keller, W. et al. (Hrsg.) (1997). Leben für Versöhnung. Hermann Maas – Wegbereiter des christlich-jüdischen Dialogs. Karlsruhe: Hans Thoma Verlag, S. 64

285 Foto: Urheber unbekannt. Der oder die RechteinhaberInnen werden gebeten, sich bei uns zu melden, wenn sie mit der Veröffentlichung in diesem Werk nicht einverstanden sind.

286 Geiger, M. (2006). Hermann Maas – Eine Liebe zum Judentum. Ubstadt-Weiher: Verlag Regionalkultur, S. 215

Lambarene. Von 1936 bis 1946 mussten die Gottesdienste in der Peterskirche stattfinden, weil die Heiliggeistkirche renoviert wurde.

Im Frühjahr 1933, also wenige Monate nach der Machtergreifung der Nationalsozialisten, absolvierte Hermann Maas einen dreimonatigen Studienaufenthalt in Palästina. Hauptzweck war, zu erkunden, ob Juden in diesem Land überhaupt leben konnten.[287] Nach seiner Rückkehr forderte der Kreispropagandaleiter der NSDAP, dessen Sitz im Haus der Kreisleitung am Schlossberg 1 war, das Dekanat auf, die Kirchenleitung zu bitten, zu prüfen, ob Maas weiter seelsorgerlich tätig sein dürfe. Er kritisierte nicht nur Maas´ judenfreundliche Haltung, sondern auch seinen Pazifismus und die Tatsache, dass er Friedrich Ebert beerdigt hatte. Der damalige Landesbischof Julius Kühlewein verwahrte sich zunächst gegen diese Einmischung, schrieb aber einige Wochen später an Maas:

„... damit Sie völlig im Bild darüber sind, in welche Schwierigkeiten sowohl Sie wie die Landeskirche geraten können, wenn Sie sich nicht ausschließlich auf Ihre gemeindepfarramtliche Tätigkeit beschränken und in dieser Tätigkeit sich nicht freihalten von Äußerungen und Handlungen, die den Anschein erwecken, als wollten Sie in der Richtung Ihrer früheren politischen und kulturpolitischen Bestrebungen weiterwirken." [288]

Maas hielt sich nicht an diese Mahnung. Dabei spielte auch eine Rolle, dass seine Gemeinde hinter ihm stand. Im Jahr 1938 gründete der Berliner Pastor Heinrich Grüber im Auftrag der Bekennenden Kirche die „Kirchliche Hilfsstelle für nichtarische Christen“. Dieses Büro organisierte vor allem die Emigration von insbesondere der evangelischen Kirche nahestehenden konvertierten Juden. Diese wurden nämlich nach den Nürnberger Rassegesetzen von 1935 wie Juden behandelt. Das Büro wurde bis 1940 von der Gestapo geduldet, dann aber geschlossen. Eigentlich sollte Maas die Leitung dieser Hilfsstelle übernehmen.

---

287 Geiger, M. (2006). Hermann Maas – Eine Liebe zum Judentum. Ubstadt-Weiher: Verlag Regionalkultur, S. 203

288 Keller, W. et al. (Hrsg.) (1997). Leben für Versöhnung. Hermann Maas – Wegbereiter des christlich-jüdischen Dialogs. Karlsruhe: Hans Thoma Verlag, S. 80

Er wollte aber seine bisherige Arbeit in Heidelberg nicht aufgeben.[289] Maas übernahm deshalb nur die Leitung des Heidelberger Büros. Er und seine HelferInnen besorgten für die Auswanderungswilligen Pässe, Visa, Ausreisegenehmigungen, Geld, Plätze in Vorbereitungscamps für Auswanderer, Arbeitsstellen im Ausland u. v. a. m.[290] Dabei half er nicht nur konvertierten, sondern auch nicht konvertierten Juden. Vielen schlug er die Emigration nach Palästina vor. Er war der Ansicht, dort könne und solle ein jüdischer Staat entstehen. Von 1938 bis 1939 beteiligte er sich außerdem an der Organisation der Kindertransporte nach England. Nach der Reichspogromnacht hatten mehrere britische Institutionen, darunter die jüdische Gemeinde, die englische Regierung dazu überredet, jüdische Kinder aus Deutschland, Österreich, Danzig und der Tschechoslowakei aufzunehmen. Die jüdische Gemeinde stellte Geld für die Reise- und Umsiedlungskosten der Kinder in Höhe von 50 Englische Pfund pro Kind (nach heutigem Wert rund 1.500 Euro) zur Verfügung, und die Regierung bat die englische Bevölkerung, die Kinder aufzunehmen. Da man ein Heer von Flüchtlingen zusätzlich zu den vielen Arbeitslosen fürchtete, was den Fremdenhass schüren könnte, wurde den Eltern die Einreise nicht genehmigt. Später sollten die Kinder mit ihren Eltern wieder vereinigt werden und eine neue Heimat im britisch verwalteten Palästina finden. Um tränenreiche – und damit öffentlichkeitswirksame – Abschiedsszenen zu unterbinden, wurde Eltern und Angehörigen verboten, bei der Abfahrt der Kinder den Bahnsteig zu betreten. Herrmann Maas informierte die Eltern jüdischer Familien über die Möglichkeit, ihre Kinder durch einen solchen Transport zu retten, und half ihnen dann bei der Vorbereitung der Ausreise. Er flog mehrfach nach England, um mit den Organisatoren die Aufnahme vorzubereiten. Beim letzten Flug nach London, den er in Berlin antrat, musste er in Hannover zwischenlanden. Während des Zwischenstopps holten ihn Beamte der Gestapo aus dem Flugzeug, da ein an ihn gerichtetes, verdächtiges Telegramm gefunden worden war. Maas hatte eine Aktenmappe mit umfangreichem Material, darunter eine Namensliste, noch

289 Thierfelder, J. (Jahr o. A.). Hermann Maas – Retter und Brückenbauer. In Website der Evangelischen Kirche in Heidelberg. Abgerufen am 15.07.2020 von https://ekihd.de/html/hermann_maas_retter_und_brueckenbauer.html

290 Keller, W. et al. (Hrsg.) (1997). Leben für Versöhnung. Hermann Maas – Wegbereiter des christlich-jüdischen Dialogs. Karlsruhe: Hans Thoma Verlag, S. 90

rechtzeitig unter dem Sitz versteckt. Beim Verhör musste er sich ganz ausziehen. Sogar seine Uhr wurde aufgeschraubt. Er konnte die Beamten aber davon überzeugen, dass es für das Ansehen Deutschlands in der britischen Presse schlecht wäre, wenn er nicht in London ankäme, da seine Ankunft dort bereits angekündigt worden war. So konnte er zu seinem Platz im Flugzeug zurückkehren – die Mappe mit den Unterlagen war noch unter seinem Tisch.

Hermann Maas geriet immer mehr ins Visier der Gestapo. Er trat ihr gegenüber aber entschlossen und nervenstark auf. Wenn er das typische Knacken im Telefon hörte, das anzeigte, dass die Gestapo seine Telefongespräche überwachte, wechselte Maas manchmal ins Griechische oder Hebräische. Als er einmal über Heinrich Himmler sprach, der als Reichsführer der SS auch für die Konzentrationslager zuständig war, steigerte er einfach das griechische Wort für „Himmel" in „Himmeler". Auch die Gottesdienste wurden überwacht. Obwohl sie das wusste, besuchte Elisabeth von Thadden, die Leiterin des Evangelischen Landerziehungsheims für Mädchen in Wieblingen, mit ihren Schülerinnen seine Gottesdienste.[291] Die Gestapo durchsuchte mehrfach die Wohnung von Hermann Maas. Eines Tages wollten vier Gestapobeamte die jüdische Bibliothek von Maas beschlagnahmen und ihn verhaften. Daraufhin telefonierte Maas mit dem Beerdigungsamt, um seine Teilnahme an einer Beerdigung um 15 Uhr zu bestätigen. Da die Beamten kein Aufsehen erregen wollten, gingen sie ohne die Bibliothek und Maas wieder weg.[292] Ein anderes Mal bekam er Besuch von einem Gestapo-Beamten, der ihm sagte: „Herr Pfarrer, heute geht´s um Ihren Kopf." Maas antwortete: „Wenn es so steht, dann will ich Ihnen wenigstens sagen, warum ich den riskiere!" Dann erklärte Maas dem Beamten über eine Stunde lang seine Motivation. Dieser schlug dann vor: „Jetzt machen wir gemeinsam das Protokoll." Das lehnte Maas ab, da er nicht helfen wollte, sich selbst hinter Schloss und Riegel zu bringen. Der Beamte antwortete: „Aber verstehen Sie

291 Meyer. Almut A. (Jahr o. A.). Elisabeth von Thadden (1890–1944). Pädagogin aus christlichem Geist im Konflikt mit dem Nationalsozialismus. In Website der Elisabeth-von-Thadden-Schule, abgerufen am 15.07.2020 von https://elisabeth-von-thadden-schule.de/fileadmin/user_upload/Thaddenpage/Konzept/Allgemeines/Thadden-Artikel-Meyer.pdf

292 Geiger, M. (2006). Hermann Maas – Eine Liebe zum Judentum. Ubstadt-Weiher: Verlag Regionalkultur, S. 293

doch, wir wollen doch etwas schreiben, das Ihnen nicht schadet!"[293] Nach dem Krieg berichtete Hermann Maas eine Anekdote, aus der hervorgeht, warum ihn die Heidelberger Gestapo mit Samthandschuhen anfasste:

„Es hat einmal ein Gestapo-Mann, wie er reinkam, gesagt: ‚So, jetzt komme ich wieder in die Höhle des Löwen.' Hab ich gesagt: ‚Löwe? Das sind Sie! Sie wollen mich ja zerreißen. Ich habe kein Bedürfnis, einen Gestapomann aufzufressen.' Worauf er sagte: ;Wenn Sie nur wüssten – wir haben vor Ihnen Angst.' Ich: ‚Warum?' ‚Weil Sie immer so geradestehen. Weil Sie immer für Ihre Sache so eintreten. Und weil hinter Ihnen darum so eine große Gemeinde steht.'"[294]

Je länger der Krieg dauerte, desto mehr Druck übten Regierung und Partei auf Maas aus. Im August 1940 wurde er von seinem Amt als Wehrmachtspfarrer, das er sehr gerne ausgeübt hatte, abberufen, zwei Jahre später die Befugnis zur Erteilung des evangelischen Religionsunterrichtes zurückgezogen. Im selben Jahr wurden bei einer in Berlin wohnenden Freundin Briefe von Maas gefunden, in denen er sich sehr kritisch über Partei und Staat geäußert hatte. Daraufhin eröffnete die Landeskirche ein Amtsenthebungsverfahren gegen ihn. Anders als gegenüber der Gestapo griff Maas gegenüber der Kirchenleitung öfter zu Notlügen. Dies zeigen auch seine Stellungnahmen bei diesem Amtsenthebungsverfahren. So führte Maas z. B. aus, er habe sich nie um ungetaufte Juden, sondern immer nur um Judenchristen gekümmert.[295] Außerdem schrieb er:

„Den gegen mich erhobenen Vorwurf der Judenfreundlichkeit und Staatsablehnung muss ich auf das entschiedenste zurückweisen (…) Das unbekehrte Judentum habe ich jederzeit für einen Fluch in vielerlei Hinsicht gehalten und daraus nie einen Hehl gemacht."[296]

---

293 Keller, W. et al. (Hrsg.) (1997). Leben für Versöhnung. Hermann Maas – Wegbereiter des christlich-jüdischen Dialogs. Karlsruhe: Hans Thoma Verlag, S. 93

294 Geiger, M. (2006). Hermann Maas – Eine Liebe zum Judentum. Ubstadt-Weiher: Verlag Regionalkultur, S. 294

295 Ebenda, S. 307

296 Ebenda, S. 305

Doch diese Notlügen halfen Maas nicht. Er wurde zwangsweise in den Ruhestand versetzt, musste aus dem Schmitthennerhaus aus- und in die Beethovenstraße 64 in Handschuhsheim umziehen. Im September 1944 wurde Maas zusammen mit 43 anderen Heidelbergern von der Kreisleitung der NSDAP zum Arbeitseinsatz einberufen. Da er damals schon 67 Jahre alt war und unter den Einberufenen besonders viele Bürger waren, die der NSDAP kritisch gegenüberstanden, ist es wahrscheinlich, dass die Kreisleitung der NSDAP dadurch ihren Kritikern schaden wollte. Die Einberufenen mussten in den südlichen Vogesen Panzergräben ausheben und schliefen in Scheunen. Doch bereits nach fünf Wochen stießen amerikanische Truppen in das Elsass vor. Die SS-Männer, die als Wachposten der Einberufenen dienten, flohen. Daraufhin floh auch Maas mit einem Mitgefangenen. Nachts liefen sie, tagsüber schliefen sie in Verstecken. Nach fünf Wochen war Maas wieder in Heidelberg.

Friesenberg 1:
Hermann Maas und seine HelferInnen

Hinter der Vorderfront dieses Hauses befinden sich noch Gebäudeteile des ehemaligen Karmeliterklosters, das früher an dieser Stelle stand. In diesem Haus wohnten in den 1930er und 40er Jahren mehrere Prominente. Am Friesenberg 1a, das auf dem folgenden Foto des auf der nächsten Seite abgebildeten Hauses[297] zu sehen ist, lebte im 3. Stock die ehemalige Reichstagsabgeordnete und Sozialpädagogin Marie Baum,[298] die von 1932 bis 1934 auch die Schriftstellerin Ricarda Huch beherbergte. Im 2. Stock desselben Hauses lebte der ehemalige deutsche Justizminister und Juraprofessor Gustav Radbruch und am Friesenberg 1b wohnte von 1911 bis 1922 der Dichter Alfred Mombert.[299] Marie Baum war die wohl wichtigste Helferin von Hermann Maas. Im Folgenden geht es darum, wie Marie Baum und andere Helfer mit Hermann Maas zusammenarbeiteten, weil dies einen guten Eindruck davon vermittelt, warum er so viel bewirken konnte.

Marie Baum stammte aus Danzig, hatte aber in Zürich Chemie studiert, weil sie als Frau in Deutschland damals keine akademischen Abschlüsse machen konnte. Von 1919 bis 1922 war sie (wie erwähnt) Reichstagsabgeordnete, und zwar für dieselbe Partei, der auch Hermann Maas angehörte, also die Deutsche Demokratische Partei. Danach baute sie für die badische Regierung das Fürsorgewesen für Kinder auf. Seit 1928 war sie Lehrbeauftragte für Fürsorge und

297 Bild: Sebastian Klusak, EEB Heidelberg

298 Autor o. A. (1949). Adreßbuch der Stadt Heidelberg mit den Gemeinden Ziegelhausen und Leimen sowie der Stadt Wiesloch. Heidelberg: Heidelberger Stadtadreßbuchverlag und Druckerei Dr. Johannes Hörning. Abgerufen am 15.07.2020 von https://digi.ub.uni-heidelberg.de/diglit/adressbuchhd1949/0103?&navmode=fulltextsearch&nixda=1&ft_query=Baum&leftcolumn_compactview_hidden=1

299 Autor o. A. (1917). Adreßbuch der Stadt Heidelberg nebst den Stadtteilen Neuenheim, Schlierbach und Handschuhsheim sowie dem angrenzenden Teile der Gemeinde Rohrbach für das Jahr 1917. Zusammengestellt im Auftrage des Stadtrates. Kriegs-Ausgabe. Heidelberg: Druck und Verlag der Universitäts-Buchdruckerei J. Hörning. Abgerufen am 15.07.2020 von https://digi.ub.uni-heidelberg.de/diglit/AdressbuchHD1917/0298?sid=0675e42cc291c2549727402372d039c3

Wohlfahrtspflege an der Uni Heidelberg. Nach der Machtergreifung musste sie all ihre Lehraufträge und Ämter aufgeben, da ihre Großmutter jüdischer Abstammung war. Als am frühen Morgen des 22.Oktober 1940 Polizisten mehrere Hundert Juden in Heidelberg zu Hause aufsuchten und ihnen befahlen, binnen einer Stunde ihre Sachen zu packen, besorgte Marie Baum auf Bitten von Hermann Maas für einige von ihnen Medikamente, die sie transportunfähig machten. Alle anderen wurden am Abend mit dem Zug nach Karlsruhe gebracht, dort mit über 6.000 anderen jüdischen Mitbürgern aus Baden, der Pfalz und dem

Saarland vereinigt und in das Lager von Gurs in Südfrankreich gebracht. Unter ihnen war übrigens auch Alfred Mombert, der (wie erwähnt) früher in diesem Haus gewohnt hatte. Als gegen Ende des Krieges die Lebensmittel nur noch gegen Berechtigungskarte ausgegeben wurden, verschenkte Marie Baum oft ihre eigenen Karten an jüdische Mitbürger.[300] Und als Mitte Februar 1945 noch 31 Juden, darunter Mütter von kleinen Kindern, aus Heidelberg ins Konzentrationslager Theresienstadt verschleppt werden sollten, gelang es ihr – zusammen mit Maas und Mitstreiterinnen – neun von ihnen durch ärztliche Atteste oder Besorgen eines Versteckes vor dem Abtransport zu bewahren. Im Fall von Hertha Flamme, die Mutter von Jochen Flamme, der bis vor kurzem als Konzertveranstalter in Heidelberg tätig war, schalteten Baum und Maas sogar den damaligen NSDAP-Kreisleiter Wilhelm Seiler und Oberbürgermeister Carl Neinhaus ein, um sie von der Liste streichen zu lassen. Flamme hatte in der Not ihren Sohn von der Hauptstraße 95 zu Maas in die Beethovenstraße 64 geschickt.[301] Marie Baum (das folgende Bild[302] wurde anlässlich ihres 80. Geburtstages aufgenommen) ist die Namenspatronin der städtischen Marie-Baum-Schule.

Neben Marie Baum gehörte auch die Ärztin Dr. Marie Clauss zu den engen Mitarbeiterinnen von Hermann Maas. Sie hatte ihre Praxis in der Gaisbergstraße 31a. Bei der eben schon erwähnten Deportation nach Gurs 1940 begleitete sie als einzige Ärztin die Heidelberger Juden bis zum Bahnhof.[303] Ihr gelang es auch, zusammen mit Hermann Maas die Jüdin Liese Hachenburg

300 Haas, H. (Jahr o. A.). Marie Baum – ein Leben in sozialer Verantwortung. Website der Marie-Baum-Schule. Abgerufen am 15.07.2020 von http://www.mbs-hd.de/schule/unsere-namensgeberin

301 Geiger, M. (2006). Hermann Maas – Eine Liebe zum Judentum. Ubstadt-Weiher: Verlag Regionalkultur, S. 293
Keller, W. et al. (Hrsg.) (1997). Leben für Versöhnung. Hermann Maas – Wegbereiter des christlich-jüdischen Dialogs. Karlsruhe: Hans Thoma Verlag, S. 81

302 Bild: Robert Lebeck

303 Marie Clauß (Marie Clauss). (Jahr o. A.). In Heidelberger Geschichtsverein (Hrsg.) Enzyklopädie. Abgerufen am 15.07.2020 von http://www.s197410804.online.de/Personen/Clauss.htm

zweimal vor der Deportation zu bewahren. Die dritte Deportation 1942 konnten sie aber nicht mehr verhindern.[304] Hachenburg war als Jüdin geboren, aber von Hermann Maas 1935 getauft worden. Clauss war ihre Taufpatin. Clauss und Maas besuchten sie in den Tagen vor ihrer Deportation mehrfach und feierten mit ihr auch das Abendmahl.[305] Marie Clauss war während des Krieges die einzige Ärztin, die noch Juden behandelte.[306]

Zum Kreis um Hermann Maas gehörte auch Therese Wiesert. Sie arbeitete als leitende „Fürsorgeschwester" (Sozialarbeiterin), bei der Stadt Heidelberg. Bereits 1933 bekam sie dort Schwierigkeiten, weil sie den sogenannten „Hitlergruß" nicht zeigen wollte. Als sie außerdem weiter Kontakt zu sogenannten nichtarischen Familien hielt, wurde sie entlassen, klagte aber erfolgreich dagegen und blieb bis zu ihrer Pensionierung 1959 bei der Stadt.[307] Therese Wiesert ging als „Tante Resi" im Schmitthennerhaus ein und aus. Sie schmuggelte unter anderem Briefe von Hermann Maas nach London, mit denen Juden die Emigration ermöglicht werden sollte.[308]

Elisabeth von Thadden, von der wir schon gehört haben, nahm in ihrem Landerziehungsheim eine Reihe von jüdischen Kindern auf, bis sie und Hermann Maas deren Eltern ins sichere Ausland bringen konnten. Als Hermann Maas

---

304 Clauss, M. (1952). Liese Hachenburg. In Maas, H., Radbruch, G. (Hrsg.) Den Unvergessenen. Opfer des Wahns 1933–1941. Heidelberg: Verlag Lambert Schneider, S. 90f.

305 Autor o. A. (2017). Plöck 40, Heidelberg-Altstadt. In Initiative Stolpersteine Heidelberg (Hrsg.). Achte Stolpersteinverlegung in Heidelberg. Heidelberg: Eigenverlag, S. 58

306 Geiger, M. (2006). Hermann Maas – Eine Liebe zum Judentum. Ubstadt-Weiher: Verlag Regionalkultur, S. 293
Keller, W. et al. (Hrsg.) (1997). Leben für Versöhnung. Hermann Maas – Wegbereiter des christlich-jüdischen Dialogs. Karlsruhe: Hans Thoma Verlag, S. 82

307 Moraw, F. (1996). Heidelberg im Zeichen der Nürnberger Rassengesetze. Carl Neinhaus und Therese Wiesert: Zum politischen Spielraum eines Oberbürgermeisters im Nationalsozialismus. In Heidelberger Geschichtsverein (Hrsg.). Heidelberg. Jahrbuch zur Geschichte der Stadt, Bd. 1. Heidelberg: Kurpfälzischer Verlag, S. 195–203 und Moraw, F., Rissler, A. (Jahr o. A.). Therese Wiesert. In Institut für Frauen-Biographieforschung Hannover/Boston (Hrsg.). Frauen. Biographieforschung. Abgerufen am 15.07.2020 von https://www.fembio.org/biographie.php/frau/biographie/therese-wiesert/

308 Geiger, M. (2019). Hermann Maas. In: Norbert Giovannini et al. (Hrsg.): Stille Helfer. Eine Spurensuche in Heidelberg 1933–1945. Heidelberg: Kurpfälzischer Verlag, S. 78

nach seiner Palästina-Reise 1933 Schwierigkeiten mit der NS-Kreisleitung bekam, schaltete sie Oberst Walter von Reichenau ein, mit dem sie befreundet war. Der Oberst war ein ranghoher Wehrmachtsoffizier und Träger des goldenen Parteiabzeichens der NSDAP.[309] Maas erteilte in Thaddens Landerziehungsheim evangelischen Religionsunterricht.

Bei der Heidelberger Hauptpost arbeitete eine ehemalige Konfirmandin, deren Namen wir nicht kennen. Sie warnte ihn, wenn sein Telefon überwacht oder die Briefpost durchsucht wurde.[310]

Wilhelm Bender war stellvertretender Leiter der Heidelberger Gestapo. Als solcher verfolgte er zahlreiche Juden, Sinti, Kommunisten und andere Gegner der Nationalsozialisten unerbittlich. Er wohnte im Erdgeschoss des auf diesem Foto[311] zu sehenden Hauses Bunsenstraße 19a, in dem auch das Büro der Gestapo untergebracht war.[312] Andererseits half er aber auch einigen von ihnen.

Einer davon war der jüdische Wissenschaftler Dr. Paul Hirsch. Dieser wohnte in demselben Haus, wo auch Liese Hachenburg bis zu ihrer Deportation lebte. Er gehörte wie Hertha Flamme zu den 31 Menschen, die Mitte Februar noch ins KZ Theresienstadt gebracht werden sollten. Hirschs Nachbar, der

309 Ebenda, S. 85

310 Geiger, M. (2006). Hermann Maas – Eine Liebe zum Judentum. Ubstadt-Weiher: Verlag Regionalkultur, S. 355ff.

311 Bild Sebastian Klusak, EEB Heidelberg

312 Giovannini, N. (2019). Wilhelm Bender. In: Norbert Giovannini et al. (Hrsg.): Norbert Giovannini et al. (Hrsg.): Stille Helfer. Eine Spurensuche in Heidelberg 1933–1945. Heidelberg: Kurpfälzischer Verlag, S. 222

Medizinerprofessor Walther Schönfeld, und sein Hausarzt – beide waren mit ihm befreundet – spritzen Hirsch das Schüttelfrost erzeugende Mittel „Pyrifer". Seine Frau ging zur Gestapo und bat Wilhelm Bender, angesichts der Krankheit ihres Mannes vom Transport abzusehen, und Bender willigte ein.[313, 314] Ein anderes Mal besuchte Bender Hermann Maas im Schmitthennerhaus, weil ihn jemand denunziert hatte. Im Verlauf des Verhörs empörte sich Maas gegenüber Bender über die Gräueltaten der Nationalsozialisten in den Konzentrationslagern. Maas berichtete später: „Als er meine Stube verließ, kam er noch einmal zurück und sagte: ‚Heute habe ich im Gespräch mit Ihnen an meinen Konfirmationsspruch denken müssen. Wer mich bekennt vor den Menschen, den will ich bekennen vor meinem himmlischen Vater.'"[315]

Nach dem Ende des Krieges gründete Maas mit anderen Heidelbergern ein Komitee für die Opfer des Nationalsozialismus, das er zeitweilig leitete. Er gehörte 1946 zu den vier deutschen Teilnehmern einer Konferenz in Oxford, auf der der „Internationalen Rat der Juden und Christen" gegründet wurde, der heute seinen Sitz in Heppenheim hat. Im selben Jahr wurde Maas Kreisdekan des neugeschaffenen Kirchenkreises Nordbaden mit dem Titel „Prälat". Zwei Jahre später nahm er an der Gründungsversammlung des Ökumenischen Rats der Kirchen in Amsterdam teil. Im Jahr 1949 wurde er als erster Deutscher vom Staat Israel zu einem Besuch eingeladen. Während dieser Reise besuchte er auch ehemalige Heidelberger, denen die Emigration gelungen war. Hermann Maas wurde 1965 pensioniert. Fünf Jahre später starb er während eines Besuches bei seiner Tochter Brigitte in Mainz-Weisenau. Er wurde 93 Jahre alt. Auf seinem Nachttisch lag eine Biografie von Albert Speer.[316] Die Trauerfeier fand in der Heiliggeistkirche statt.

---

313 Giovannini, N., Moraw, F., Rink, C. (2011). Erinnern, Bewahren, Gedenken: Die jüdischen Einwohner Heidelbergs und ihre Angehörigen 1933–1945, Heidelberg: Verlag das Wunderhorn, S. 177

314 Giovannini, N. (Hrsg.) Stille Helfer. Eine Spurensuche in Heidelberg 1933–1945. Heidelberg: Kurpfälzischer Verlag, S. 87

315 Giovannini, N. (Hrsg.) Stille Helfer. Eine Spurensuche in Heidelberg 1933–1945. Heidelberg: Kurpfälzischer Verlag, S. 221

316 Geiger, M. (2006). Hermann Maas – Eine Liebe zum Judentum. Ubstadt-Weiher: Verlag Regionalkultur, S. 436